Transformez votre vie par la sophrologie

collection "Psycho-soma"

(le corps et l'esprit)

AUTRES OUVRAGES DU MÊME AUTEUR

Initiation au yoga. Retrouvez, chez vous, harmonie, détente et bien-être. 7 séances de yoga, simples, complètes et progressives s'adressant à tous (Éditions Dangles).

Thierry LOUSSOUARN
(Professeur de yoga)

Transformez votre vie par la sophrologie

Guide pratique de relaxation dynamique et curative

Dessins Yannick Mouré
29e mille

Éditions Dangles
18, rue Lavoisier
45800 ST-JEAN-DE-BRAYE

L'AUTEUR :

Né en 1955 à Nantes, Thierry Loussouarn passe son enfance en Vendée. Dès l'adolescence, il est attiré par l'ésotérisme et la spiritualité, et découvre le yoga au travers des livres de Sri Aurobindo et de Satprem. Ces lectures l'amènent, durant 3 mois, à l'ashram de Sri Aurobindo (Pondichéry, Inde), où se révèle à lui la nécessité d'une recherche spirituelle et d'un travail sur soi-même particulièrement complets.
De retour en France, il devient lui-même professeur de yoga et enseigne régulièrement cette discipline qui privilégie la détente et la relaxation pour que se développe en chacun une attitude mentale juste et méditative, génératrice de calme et d'amour.
Il est, de plus, diplômé de la Fédération européenne de sophrologie (elle-même rattachée à la Fédération mondiale de sophrologie) et donne des cours de sophrologie. Il anime des stages d'épanouissement et d'autoguérison qui mettent en relief les pouvoirs infinis de l'esprit et il poursuit actuellement des recherches sur la relaxation et l'imagerie mentale positive à l'aide d'un caisson d'isolation sensorielle.

ISSN : 0397-4294
ISBN : 2-7033-0290-8

Introduction

« Il faut prêcher sur la vie, non sur la mort ; répandre l'espoir, non la crainte ; et cultiver en commun la joie, vrai trésor humain. C'est le secret des grands sages, et ce sera la lumière de demain. »

Alain

A l'image de ses illustres ancêtres — yoga, bouddhisme, zen — la sophrologie propose d'éveiller en chacun le désir d'acquérir une meilleure connaissance de soi. Les buts majeurs de ce travail sont **l'épanouissement de l'être** et une **transformation positive de son existence.** En ce sens, la pratique sophrologique peut introduire une recherche intérieure plus profonde ou plus sacrée. Mais avant d'entamer tout éveil de son Moi spirituel, il importe d'être fort physiquement et psychologiquement. On ne peut s'engager dans une quête religieuse sans avoir d'abord épuré tout ce qui, en soi, constitue une entrave au développement spirituel de l'être.

1. Redécouvrir son corps

A l'heure actuelle, tout le monde reconnaît l'étroit lien qui unit le corps, l'émotion et la pensée. Ces trois fonctions de l'homme composent un tout indissociable. Les travaux de la médecine psychosomatique et les découvertes des nouvelles thérapies psycho-corporelles en témoignent. Certaines thérapies mettent l'accent sur les émotions, d'autres axent leur travail sur la réflexion et l'analyse. De son côté, la pratique sophrologique est orientée vers une meilleure prise de conscience du corps. Le corps, c'est la matière, la réalité, le concret. Or nous sommes à une époque où l'homme perd peu à peu ses racines. Qui plus est, il se coupe progressivement de la nature en habitant des villes de moins en moins humaines où prédominent le béton et le bitume. Enfin, il s'intellectualise beaucoup trop et devient de moins en moins manuel ; il suffit, pour s'en convaincre, d'observer la percée du secteur tertiaire dans les pays développés. Il devient donc vital pour lui d'avoir les « pieds sur terre » s'il veut maintenir son équilibre tant biologique que psychologique. Dans le langage courant, ne dit-on pas fréquemment de quelqu'un qui n'est pas conscient des réalités de la vie, « *qu'il n'a pas les pieds sur terre* ». Or l'individu, non conscient de ses responsabilités sociales ou familiales, possède généralement une mauvaise perception de son schéma corporel.

Pareillement, des troubles de la personnalité ou des problèmes relationnels sont souvent liés à une corporalité mal vécue. En se reconstruisant à partir de son corps, on évite ainsi de tomber dans le piège de l'intellectualisme ou de la réflexion stérile. Le corps est la base du triangle de la personnalité humaine. Lorsque cette base est stable et solide, on est alors en mesure de mieux comprendre les problèmes émotionnels ou relationnels, donc de les solutionner. Le corps et l'émotion ayant retrouvé une dynamique forte et équilibrée, une recherche intérieure peut enfin être éventuellement envisagée en toute conscience et en pleine lucidité.

Dans ce contact intime avec le corps auquel nous convie la sophrologie, la perception de sensations désagréables (tensions, contractures, fatigue, mal-être...) peut — lorsqu'il y a pathologie même légère — prédominer dans un premier temps. Cette constatation est le signe évident que l'on a besoin de se relaxer et d'aller à la découverte de son corps pour comprendre les messages qu'il émet. Mais bien souvent — parfois dès la première séance — les sensations positives se développent et prennent le pas sur les autres. Le corps se détend, se réchauffe. Un agréable bien-être envahit l'être tout entier ; la respiration se libère ; la colonne vertébrale retrouve sa statique naturelle, son juste équilibre ; le sourire revient...

La sophrologie porte un regard nouveau sur le corps et propose une découverte de notre psyché par l'intermédiaire de celui-ci. Elle est une aide efficace pour la suppression des mille et un petits maux quotidiens qui, en fait, ne sont ni petits ni insignifiants puisqu'ils tissent notre vie.

2. S'adapter au monde extérieur

Simples et naturels, les exercices de la **relaxation dynamique** créent rapidement de nouveaux automatismes basés sur le contrôle de soi. Grâce au calme, à la détente et à l'imagerie positive, on génère des réponses plus saines face aux multiples agressions quotidiennes (stress). La sophrologie ne cherche pas à éloigner l'individu de ses responsabilités ; au contraire, elle veut l'aider à repenser son action dans le monde. Grâce à elle, il peut se resituer plus justement dans sa vie sociale au sein de laquelle il doit être capable de se réaliser. Il apprend aussi à ne plus considérer le monde extérieur comme un ennemi ou une fatalité, mais comme une réalité face à laquelle sa propre attitude est déterminante.

Tout le problème de l'homme face à la société qu'il a conçue mais qui le dépasse bien souvent, est en fait un problème d'adaptation. Ce passage d'un équilibre ou d'un rythme à un autre est le point central du problème. C'est là où il doit trouver l'attitude juste, c'est-à-dire la bonne réaction face au débordement des nouvelles technologies et aux changements qu'inévitablement elles entraînent dans sa vie.

La sophrologie est là pour l'aider à franchir ce passage et à supprimer les troubles déjà existants : insomnie, spasmophilie, dépression, angoisse, problèmes digestifs, nerveux, etc. Pour franchir ces obstacles que sont les maladies et combattre les problèmes présents tels la timidité, les blocages affectifs, il lui faut des moyens efficaces. La sophrologie met à sa disposition la *relaxation profonde* (sophronisation), les *trois degrés de la relaxation dynamique* avec prise de conscience du corps et de ses messages sensoriels, et enfin la *dynamisation du positif*.

3. Créer une conscience positive

Développer le positif, c'est tout d'abord ôter de soi cette aura négative qui fausse la perception que l'on a des autres et du monde. C'est ensuite réapprendre à sourire et à être joyeux. L'axiome inébranlable de la sophrologie est bien celui de l'**action positive.** Avec la joie au cœur, on est en mesure de vivre pleinement sa vie et d'en savourer chaque instant.

La sophrologie est une **méthode complète de relaxation et de connaissance de soi,** synthèse réussie entre la connaissance orientale et le savoir occidental. Avec elle nous explorons les différents niveaux de notre conscience et, grâce aux trois degrés de la relaxation dynamique, nous développons notre conscience sophronique, celle de l'équilibre et de la paix intérieure.

La sophrologie nous fait reconsidérer notre passé sous l'angle du positif. Ainsi détruisons-nous les valences négatives issues des expériences douloureuses de notre vie ; le présent se trouve renforcé par cette action positive. Elle nous prépare à l'avenir car celui-ci n'est que le résultat de nos croyances et de notre vision de nous-même. Elle nous enseigne que **vivre au présent est source d'harmonie** et ce travail sur les paramètres passé et futur n'a d'autre but que de renforcer notre présence au monde. Elle offre ainsi à chacun la possibilité d'acquérir le calme et la force intérieure nécessaires à toute action dans ce monde.

Réussir une telle transformation n'est pas l'apanage de quelques êtres très doués. Chaque être possède en lui cette lumière dont parle Alain. Il faut simplement l'alimenter et lui redonner force et vie.

Tel est le but de la sophrologie.

CHAPITRE I

Qu'est-ce que la sophrologie ?

« *Afin que la conscience soit connue* »
(devise de la sophrologie).

1. Naissance de la sophrologie

Le mot *sophrologie* est créé en 1960 par un neuropsychiatre colombien de 28 ans, le docteur Alfonso Caycedo.

Il naît en 1932 à Bogota, capitale de la Colombie où il fait ses études. Après le baccalauréat, il se rend en Espagne pour s'inscrire à la Faculté de médecine de Madrid. C'est ici, après avoir lu des ouvrages de psychiatres connus tels Lopez Ibor et Victor Frankl, qu'il voit naître en lui le désir de devenir psychiatre. En quatrième année de médecine, il a la chance et la joie d'être accepté en tant qu'interne dans le service de Lopez Ibor sous la direction duquel il fera plus tard sa thèse doctorale.

Mais révolté par l'utilisation de certaines techniques thérapeutiques qu'il juge inhumaines (coma insulinique, électrochoc...), il envisage un instant d'abandonner cette voie médicale. C'est alors qu'il découvre l'hypnose clinique. Après un séjour à Nancy où il rencontre un disciple de Coué en la personne du docteur Cuvelier, il décide d'introduire l'hypnose dans l'hôpital où il travaille. Très vite il découvre les limites de l'hypnose et les erreurs contenues dans les théories de ses partisans. Il prend également conscience que le mot *hypnose* est, dans l'esprit des gens, synonyme de magie, de pratiques occultes, et qu'il soulève beaucoup de méfiance. Tous ces préjugés rendent difficile la pratique de l'hypnose en milieu clinique.

Pour cette raison il a l'idée de créer un mot nouveau qui devrait permettre de repartir sur de nouvelles bases. C'est en 1960 qu'il le propose à son patron, Lopez Ibor. En 1961 au Congrès de Vienne, il demande d'abolir toute la terminologie ancienne et notamment le mot *hypnose.*

Il emprunte à la langue grecque les trois racines du mot sophrologie : *sos* (tranquille, serein, harmonie), *phren* (enveloppe, membrane d'un organe donc, par extension, le cerveau, la conscience) et *logos* (étude, science).

Sophrologie : étude de la conscience en harmonie ou étude de l'harmonie de la conscience ou, selon la première définition de Caycedo lui-même : « *École étudiant la conscience humaine en harmonie.* »

Après sa réussite à l'examen de psychiatre, il se rend en Suisse pour y rencontrer Binswanger, le grand phénoménologue. Voici ce que Caycedo nous dit de l'enseignement de ce maître : « *J'ai appris cet art difficile (...) d'observer les phénomènes, de tenter, d'une part, de les connaître, d'autre part, de les comprendre peut-être et enfin de les aimer.* » Le phénoménologue développe l'attitude suivante : faire en premier lieu table rase des concepts antérieurs, suspendre ensuite son jugement et enfin focaliser son attention sur l'objet de ladite recherche. Cette philosophie influencera beaucoup Caycedo, lors de la création des techniques sophrologiques et dans sa façon d'entrer en contact avec ses patients.

C'est quelque temps avant sa rencontre avec Binswanger qu'il se marie. Sa femme — adepte du yoga — lui montre des livres traitant de cette discipline millénaire. Il constate, en les parcourant, que les yogis parlent également de conscience et de travail sur cette conscience. Avant de quitter la Suisse, il a l'idée de demander à Binswanger ce qu'il pense de ces fameux yogis et de leur superconscience. Et à son grand étonnement, celui-ci l'encourage à se rendre en Inde pour étudier sur place les techniques yogiques.

Ce voyage que Caycedo entreprend va durer deux ans. Il se rend donc en Inde où il va tout d'abord de déception en déception. En effet, la rencontre de faux yogis et de fakirs le décourage et il décide même de revenir en Occident. Mais après avoir exposé aux Indiens qu'il rencontre le but précis de ce séjour, il obtient enfin des adresses de sages, de vrais yogis et de centres de yogathérapie. Pendant des mois il va vivre avec ces hommes mettant en pratique leurs techniques plusieurs fois millénaires. Il sera très marqué par les ashrams des Radha Soamis ainsi que ceux de Sivananda et Sri Aurobindo.

Ensuite il se dirige vers le nord de l'Inde pour y rencontrer les Tibétains qui, depuis l'invasion de leur pays par la Chine, ont trouvé asile dans ces provinces. Mais les moines tibétains sont beaucoup plus réticents que les yogis à divulguer leurs techniques de méditation. Ayant peur que Caycedo dénature par la suite la tradition bouddhique, ils ne l'initient qu'à quelques rares exercices.

Il termine enfin ce long périple au Japon où, guidé par les roshis de différents monastères, il s'initie à la difficile ascèse de l'enseignement zen.

En 1967 il revient en Europe et s'installe à Barcelone afin d'étudier les nombreuses notes rédigées durant ce voyage et de faire la synthèse de tout ce qu'il a pu pratiquer par lui-même. De ce voyage et de cette réflexion vont naître tour à tour les trois degrés de la relaxation dynamique. Il teste sur lui-même ces nouveaux exercices puis commence à les enseigner aux médecins et aux dentistes qui veulent bien le suivre dans cette nouvelle étape sophrologique. Car (faisons une parenthèse importante) en 1960 les techniques employées par les sophrologues étaient à 80 % issues de l'ancienne hypnose. Or après ce voyage en Orient, la pratique sophrologique va se transformer totalement, à tel point que Caycedo va faire disparaître toute trace d'hypnose dans sa relaxation dynamique. Ses séjours successifs chez les yogis, les Tibétains et les roshis ont été le germe d'une nouvelle naissance de cette école de la conscience. En 1970, à l'heure où la sophrologie s'universalise, il n'y a plus aucune technique hypnotique dans l'arsenal du sophrologue.

En 1972, le premier Congrès mondial de sophrologie est un véritable succès. A cette occasion, les yogis et les moines zen conviés à ce grand rassemblement saluent avec respect la naissance de ce qu'ils définissent comme le « *yoga occidental* ».

En 1977, Caycedo ouvre la sophrologie aux professions non médicales, affirmant ainsi une double volonté : diffuser plus largement l'entraînement sophrologique et, d'autre part, lui donner un caractère préventif. C'est la naissance de la sophrologie sociologique ; elle offre aux sages-femmes, aux kinésithérapeutes, aux pédagogues, aux animateurs sociaux... la possibilité d'utiliser les techniques de relaxation au sein de leur travail.

1983 voit la naissance de la Fédération européenne de sophrologie. En tant que membre de la fédération mondiale que préside le professeur Caycedo, elle s'attache à transmettre la seule sophrologie valable : celle de son créateur. Elle a pour but de délivrer les diplômes de sophrologue et de contrôler la crédibilité de ces derniers.

2. Les bases scientifiques

La sophrologie est une science qui étudie la conscience humaine, une philosophie humaniste et transcendante ainsi qu'une méthode pratique de restructuration. Elle définit la conscience comme « *la force qui intègre les différents éléments tant physiques que psychiques d'un individu* ». Elle a comme postulat l'**unité du corps et de l'esprit.** En agissant sur l'élément corps, on agit automatiquement sur les éléments esprit et âme. Une action positive ou négative sur l'élément esprit aura une répercussion du même ordre sur les éléments corps et âme.

Schématiquement, Caycedo structure la conscience en trois niveaux, trois états et trois degrés de profondeur. Les niveaux correspondent aux modifications quantitatives de la conscience. Chaque être humain les parcourt quotidiennement.

— La **veille** : l'homme s'active.

— Le **sommeil** : l'homme se repose.

— Le niveau **sophro-liminal :** bien que ce niveau de conscience soit moins connu, l'homme y passe au moins deux fois par jour ; le matin au réveil avant d'ouvrir les yeux et le soir juste avant de s'endormir.

a) Niveau sophro-liminal ou niveau alpha

La sophrologie offre les moyens de découvrir et d'approfondir ce niveau de conscience. Si Caycedo lui a donné le nom de *sophro-liminal,* cela ne signifie pas qu'il ne peut être découvert qu'au sein d'une relaxation sophrologique. Certains chercheurs, notamment en Amérique du Nord, l'appellent *niveau alpha* car il correspond effectivement à une plus grande activité des ondes électriques cérébrales alpha. Créer des ondes alpha est en fait très simple ; il suffit en effet de fermer les yeux — surtout après une concentration intense — pour provoquer l'apparition d'une bouffée d'ondes alpha ; mais leur fréquence peut aussi diminuer très rapidement. Nous verrons plus loin comment descendre profondément dans ce niveau sophro-liminal et y rester suffisamment longtemps pour en retirer tous les bienfaits. Précisons tout de suite qu'une suggestion ou une image voient leur force décupler lorsque l'on se trouve dans ce niveau de conscience.

Les états de conscience correspondent aux modifications qualitatives et existentielles de la conscience.

b) L'état de conscience ordinaire

L'individu évoluant dans cet état mène une vie normale avec, comme on dit, des « hauts et des bas ». Soumis à des problèmes divers, il y répond avec plus ou moins de bonheur. S'il ne recherche aucun enseignement ou aucune discipline, il risque fort de passer à côté de sa véritable dimension humaine. Il peut aussi évoluer momentanément ou définitivement dans l'état de conscience pathologique.

c) L'état de conscience pathologique

Au mieux, l'individu qui se situe dans cet état est excessivement nerveux ou légèrement névrosé ; au pire, il est schizophrène, psychotique... Entre ces deux extrêmes on trouve l'angoissé et le dépressif. Cette altération de la conscience que l'on note chez les individus catalogués dans cet état peut être soignée durablement par la sophrologie. Bien évidemment les cas graves ne seront qu'améliorés.

ACTION DE L'ENTRAÎNEMENT SOPHROLOGIQUE SUR LE MENTAL

A : structures ou degrés de profondeur

I : Inconscient - S : subconscient - C : conscient.

B : niveaux de conscience

V : état de veille - 1 : vers l'excitation - 2 : vers le calme.

N.S.L. : niveau sophro-liminal - 3 : relaxation moyenne - 4 : relaxation profonde.

S : sommeil - 5 : bord du sommeil - 6 : sommeil léger - 7 : sommeil moyen - 8 : sommeil profond - 9 : sommeil le plus profond - 10 : coma.

EC : états de conscience

Pa : pathologie - No : normal - So : sophronique.

Médaillon

S : sophronisation - AIS : activation intrasophronique - D : désophronisation.

Les traits en pointillé (milieu du schéma) schématisent la relaxation et l'entraînement sophrologique. Dans cet exemple, le sujet commence sa première séance au point A. Il est donc proche de l'état de conscience pathologique (légère névrose) et se trouve tout en haut du niveau de veille (excitation et tension nerveuse). La relaxation le fait descendre dans la zone de veille plus calme, puis il atteint le niveau sophro-liminal ; la partie horizontale des pointillés schématise, elle, l'activation intra-sophronique, c'est-à-dire le travail mental sur le positif.

Ayant terminé sa relaxation, le sujet va quitter le niveau sophro-liminal et revenir alors au niveau de veille. Nous constatons deux choses :

— Le sujet ne remonte pas aussi haut dans le niveau de veille (points A et A'), donc est plus calme.

— Le sujet arrive plus à droite de son point de départ, et s'est donc rapproché de l'état de conscience sophronique.

Au fur et à mesure des séances de relaxation (BB', CC', DD'...), le sujet parvient à abaisser son niveau de conscience, donc à vivre plus détendu car chaque sophronisation et activation intra-sophronique le fait progresser vers la zone de calme (acquis qu'il conserve). Enfin, il finit par entrer dans le niveau de conscience sophronique (équilibre et harmonie).

L'entraînement sophrologique permet donc d'évoluer à la fois vers une plus grande détente et une plus grande sérénité, d'où l'importance d'une pratique régulière.

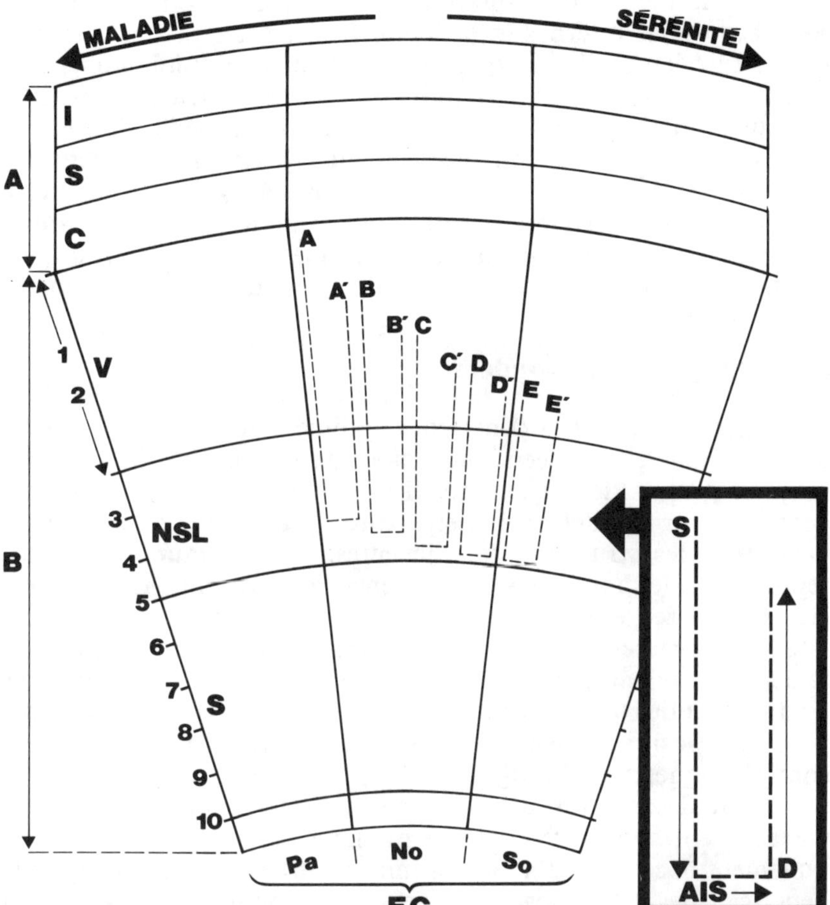
MALADIE
SÉRÉNITÉ
A
I
S
C
B
1
V
2
3
NSL
4
5
6
7
S
8
9
10
A
A' B
B' C
C' D
D' E
E'
Pa
No
So
EC
S
D
AIS

d) L'état de conscience sophronique

C'est l'état de conscience que la pratique sophrologique permet d'atteindre. Celui qui développe cette conscience sophronique est en harmonie avec lui-même et le monde extérieur. Il possède une grande faculté d'adaptation, une profonde connaissance de ses mécanismes internes et la sérénité nécessaire face aux événements extérieurs. Il est équilibré, aussi bien physiologiquement que psychologiquement. Atteindre cet état de conscience constitue l'aboutissement de toute forme de yoga, de la méditation et, en règle générale, de toute quête spirituelle (1). Au point extrême de cet état de conscience se situe l'**expérience libératrice de l'être** appelée selon les croyances : nirvâna, samadhi, satori, royaume des cieux... Mais ici nous arrivons en quelque sorte à un « quatrième » état de conscience qui sort du domaine de la sophrologie.

e) Les degrés de profondeur

Caycedo définit la conscience comme étant unique, dynamique, originale et transcendante. Nous avons vu qu'il la divise en niveaux et états de conscience. Il la structure également en trois degrés de profondeur : les structures présentes, les structures latentes et les structures sous-jacentes. Les **structures présentes** représentent le monde des phénomènes (le conscient). Les **structures latentes** représentent celui des possibilités, des capacités, des latences (le subconscient). Les **structures sous-jacentes** représentent, elles, le monde biologique (l'inconscient) ; ces structures contiennent des unités phroniques constituées de valences qui peuvent être positives, négatives, neutres ou muettes. Ces valences sont physiques, psychologiques ou spirituelles.

Cette description, certes un peu complexe, montre comment Caycedo entrevoit la conscience humaine. Il va de soi qu'il n'est nullement nécessaire d'avoir assimilé ces différentes données pour bénéficier des effets positifs des exercices sophrologiques et de la relaxation dynamique. Il faut pourtant savoir qu'en sophrologie on travaille sur le monde des possibilités (structures latentes). Or cette action sur les structures est toujours positive et, comme nous

---

1. Le mot « spirituel » définit ici un développement positif et harmonieux de la personnalité.

l'avons déjà souligné, toute action sur une partie de la conscience a une répercussion sur l'ensemble de la conscience. Ainsi, en travaillant positivement sur les structures latentes agit-on de façon également positive sur les structures présentes et sous-jacentes. Sans en être conscient — du moins dans un premier temps — on obtient, grâce à l'activation de l'exercice sophrologique, une harmonisation positive de l'individu et de sa personnalité.

3. Les bases philosophiques

Caycedo formule trois principes importants et deux lois fondamentales.

a) Principe du schéma corporel en tant que réalité vécue

Le malade, le névrosé ou tout simplement l'homme « mal dans sa peau » ont une mauvaise perception de leur corporalité. De surcroît, lorsqu'il y a atteinte corporelle ou physiologique, cette perception est négative. Pour ces personnes, il est indispensable d'apprendre à mieux percevoir leur corps et à vivre dans l'intimité de leur système musculaire. Le but essentiel des exercices de la relaxation dynamique du premier degré est de créer des sensations agréables et positives. Sans ce travail, la restructuration de la personnalité devient très difficile. « *A ces sensations physiques,* remarque Durand de Bousingen, *s'associent des images d'euphorie, de sécurité, d'émois agréables... Le corps peut ainsi à nouveau être appréhendé dans sa cohérence et dans sa plénitude retrouvée* (2). »

L'évidence de ce premier principe est apparue à l'esprit de Caycedo lors de son voyage en Inde, alors qu'il séjournait chez un vieux yogi. Celui-ci se livrait quotidiennement à des exercices très compliqués de hatha-yoga. Et Caycedo qui ne comprenait pas pourquoi il restait isolé dans ces montagnes à pratiquer sans relâche des postures si difficiles, lui demanda le but de cette ascèse. Ce vieux yogi lui répondit en substance : « *En accomplissant chaque*

2. Extrait de *la Relaxation*, par R. Durand de Bousingen (P.U.F.).

jour des exercices comme ceux que vous venez de voir, je prends conscience de nouvelles parties de mon corps, donc j'élargis le champ de ma conscience (3). »

Ce jour-là Caycedo comprit à quel point l'Occidental vit avec sa tête et oublie qu'il a un corps sauf, bien entendu, lorsque celui-ci est souffrant. Il lui parut donc nécessaire d'éduquer les gens — et surtout les malades — dans ce sens. Depuis quelques années, le travail sur le corps est devenu à la mode. Les centres de culture physique, d'aérobic, de danse fleurissent un peu partout. Le yoga, le t'ai-chi chuan, le do-in, l'aïkido et bien d'autres disciplines d'origine orientale réunissent un nombre d'adeptes croissant. Mais à l'époque où Caycedo fit ce voyage (années 60), cette prise de conscience était à peine ébauchée.

Ce travail sur le corps proposé par la sophrologie est original pour deux raisons importantes : tout d'abord, la séance s'effectue les yeux fermés et en état de relaxation ce qui procure une régénération et un bien-être aussi bien physique que mental ; d'autre part, le corps est toujours envisagé sous l'angle du positif. Nous arrivons là au second principe.

b) Principe d'action positive

« *Nous sommes libres de mettre en mouvement la force magique de la pensée dans un sens positif ou dans un sens négatif, et ainsi de combler notre existence de lumière ou de joie ou de ténèbres et de douleur. Dans les deux cas, ce pouvoir de la pensée, soit que nous le subissions au hasard, soit que nous le contrôlions par la conscience, agit doublement sur notre destinée : d'une part il agit sur nos états d'âme en les modifiant et, d'autre part, il transforme notre vie et les circonstances extérieures. L'orientation de nos pensées, c'est-à-dire notre attitude intérieure, est donc décisive en ce qu'elle donne à notre vie sa tonalité dominante.* » Ce passage tiré du livre de Schmidt, *le Secret du bonheur,* souligne toute l'importance de l'action positive dans le rétablissement du bonheur.

Généralement, l'homme ordinaire ou malade confronté aux réalités multiples de la vie sociale ne remarque ou n'enregistre que

3. *Paris-Match* (26 octobre 1974).

les faits graves ou les situations dramatiques. Malgré lui, il s'imprègne de l'ambiance contenue dans les messages que lui envoient le monde extérieur et les médias mais, hélas ! il se laisse surtout influencer par les événements négatifs. Il ne prend que rarement conscience de ce fait et ne voit pas que tout ce qu'il entend ou observe transforme son état psycho-physique.

L'enregistrement puis la mémorisation de ces messages négatifs détermineront plus tard une certaine attitude psychologique face à la vie.

Le sophrologue apprend à son élève à dynamiser le positif au niveau corporel (perception de sensations agréables), au niveau mental (images et pensées positives) et au niveau spirituel (recherche de sentiments de paix, d'harmonie et d'amour). Au fur et à mesure de son entraînement, l'élève s'exerce à voir le positif en toute chose, ce qui constitue sans doute la première étape vers le bonheur. « *Prenez,* dit Joseph Murphy, *l'habitude d'être heureux en choisissant tout le jour des pensées, des images mentales saines, constructives, joyeuses et pleines d'amour* (4). »

Cette action positive s'exerce tour à tour sur les trois paramètres existentiels : passé, présent, futur. Nous verrons plus loin comment mettre en pratique le positif et ainsi transformer notre existence. L'être humain est la somme de ces trois paramètres. Il est en effet le résultat de toutes ses actions et sensations passées mais son état psycho-mental dépend également de la façon — consciente ou non — dont il appréhende le futur. **« Positiver » le passé,** cela consiste à ne plus le considérer comme une phase négative de la vie ou une période à oublier. En revivant mentalement des périodes heureuses mais souvent oubliées de ce passé, on allège notablement la charge négative que celui-ci fait peser sur le présent. **« Positiver » le futur,** c'est supprimer les peurs et les angoisses qui y sont liées. Là aussi, le présent se trouve renforcé. Cette double action donne à l'individu la capacité d'affronter toute situation dans une parfaite sérénité.

L'action positive est le souffle vital de la sophrologie.

c) Principe de la réalité objective

Rechercher le positif ne signifie pas se voiler les yeux et refu-

---

4. Joseph Murphy : *Renaître* (Éditions Dangles).

ser de voir la réalité. Ainsi, quand en relaxation on perçoit des sensations désagréables (fatigue, douleur musculaire...), il est nécessaire de les reconnaître et de les accepter. Mais en contrepartie, on prend également conscience des sensations agréables qui d'ailleurs prédominent presque toujours. « *D'accord, je sens une douleur ou un mal-être dans une partie de mon corps, mais je ne me laisse pas " hypnotiser " par ce point négatif. Je perçois aussi les sensations agréables de détente, de chaleur... qui sont présentes dans d'autres régions de mon corps.* » Quand le mal-être, la douleur ou la gêne sont perçus au sein d'une totalité où le positif prédomine, ces points négatifs perdent beaucoup de leur intensité. L'attention n'étant plus uniquement axée sur le négatif, la conscience tout entière de l'individu se trouve dynamisée et régénérée.

Cette volonté de rechercher et de développer en soi le positif est indispensable lorsque l'on désire créer une personnalité plus stable et plus équilibrée. Les exercices conçus par Caycedo modifient les mauvais comportements et les habitudes néfastes. Ils effacent peu à peu les limites et les handicaps que des expériences malheureuses ont créés. Grâce à un entraînement régulier, l'individu se sent plus libre et mieux intégré dans la vie.

Le but de ce travail n'est pas de créer un ego démesuré ou une personnalité écrasante, mais d'ôter de soi tout ce qui entrave une véritable communication avec les autres. Parmi ces entraves, relevons les tensions, les sentiments d'infériorité, les complexes... Nous mettons donc en garde le lecteur contre toute utilisation de la sophrologie dans le but de créer un personnalité dominante. Il faut se souvenir que notre liberté s'arrête là où commence celle des autres. En gardant en tête cette dernière phrase on est certain de ne pas faire fausse route.

D'ailleurs, cette liberté que nous exigeons tous comme un droit fondamental est bien souvent absente de nous-même. Nos peurs, nos angoisses, nos limites, nos conditionnements inconscients sont la preuve vivante de notre esclavage. En l'imagination créatrice nous possédons un nouveau moyen pour parfaire notre action dans le monde, cette faculté étant à bien des égards notre plus grande force intérieure.

Rester dans la réalité objective, c'est donc ne pas avoir d'exigences démesurées. Le psychothérapeute Laurence Le Shan a constaté que les cancéreux ont envers eux-mêmes des exigences démesurées et qu'ils se donnent des objectifs si difficiles sinon impossibles à atteindre que, quels que soient les résultats, ils ne sont jamais satisfaits. Laurence Le Shan en a conclu que cette attitude psychologique particulière était en partie responsable de leur cancer (5).

d) Loi de l'entraînement

Bien que personne ne réagisse de la même façon à un entraînement sophrologique, il va de soi qu'une pratique suivie et régulière entraîne des modifications positives plus rapides et plus profondes qu'une pratique irrégulière. Si certains voient leur état physico-mental s'améliorer rapidement en ne suivant qu'une ou deux séances par semaine, d'autres ont besoin d'une pratique plus intense pour arriver au même résultat.

Il est sain de s'arrêter quotidiennement, ne serait-ce que quelques minutes, pour retrouver son corps, observer sa respiration et ainsi dissiper les tensions.

e) Loi de l'éthique

La sophrologie étudie la conscience humaine et cherche avant tout à la régénérer ; ainsi le sophrologue doit-il éviter toute action sur sa conscience ou sur celle des autres risquant de la dénaturer ou de l'endommager. Il est de son devoir de la respecter et de la sauvegarder. C'est la loi de l'amour que la sophrologie concrétise par un travail positif et harmonieux sur le corps — lui-même manifestation de cette conscience — et sur les trois paramètres existentiels de l'homme.

4. Les techniques sophrologiques

a) La relaxation statique

La base de toute séance sophrologique est la *sophronisation simple*. Cette expression désigne le processus de relaxation physi-

5. Laurence Le Shan : *Vous pouvez lutter pour votre vie* (Robert Laffont).

que et mental. L'élève prend tout d'abord conscience de chaque partie du corps afin d'y amener la détente. Puis il cherche — en se concentrant sur ses expirations — à descendre de plus en plus profondément dans le niveau sophro-liminal.

Arrivé à ce stade, il fait ce que l'on nomme dans le jargon sophrologique, une *activation intra-sophronique*, c'est-à-dire qu'il met en pratique l'un des nombreux exercices de pensée ou d'imagerie positive que le sophrologue met à sa disposition.

Après ce travail, il se *désophronise*. Doucement et progressivement, il amplifie sa respiration, réveille son corps, et ouvre peu à peu les yeux et reprend alors contact avec le monde extérieur. Ces trois phases (sophronisation, activation intrasophronique et désophronisation) durent une dizaine de minutes.

b) La relaxation dynamique : trois degrés de pratique

Le premier degré : la sensorialité

Caycedo a mis au point ce premier degré grâce aux observations et aux expériences faites chez les yogis hindous. Il est composé d'une vingtaine d'exercices directement issus du hatha-yoga dans sa forme dynamique. Ce premier degré est la mise en pratique du principe du schéma corporel en tant que réalité vécue. Les exercices proposés activent tour à tour chaque partie du corps, créant des sensations agréables de chaleur, picotements, détente...

Grâce à la détente mentale préalablement obtenue, la concentration sur ces sensations internes positives ne demande aucun effort. Or, en concentration, l'absence d'effort est indispensable sinon, inévitablement, des tensions naissent, contrecarrant la relaxation sans pour autant améliorer le pouvoir de concentration. Souvenez-vous, lorsque vous pratiquerez la sophrologie, de ne jamais forcer. Au volontarisme préférez un lâcher-prise physique et mental et une acceptation de ce qui est. La relaxation exige d'autres aptitudes et attitudes que celles que l'on attend d'un sportif. N'oubliez pas qu'en sophrologie nous « travaillons » sur notre monde intérieur et que celui-ci n'est pas régi par les mêmes lois que le monde extérieur.

Ce premier degré est en quelque sorte un yoga très simplifié. Il respecte d'ailleurs les principes importants du hatha-yoga : conscience du geste et du corps, relaxation profonde entre chaque exercice, non-violence. Ce qui ici différencie la sophrologie du yoga, c'est le niveau de conscience où l'on travaille. Durant la séance, la personne sophronisée approfondit continuellement son niveau de conscience, ce qui procure une régénération physique et mentale complète. Cette dynamisation psycho-corporelle est beaucoup plus rapide qu'en yoga. En revanche ce dernier agit plus en profondeur sur les viscères et mobilise plus puissamment les systèmes musculaire et articulaire.

L'élève apprend aussi à se concentrer sur un objet de la nature qu'il visualise intérieurement. Il choisit de préférence une image paisible et neutre, c'est-à-dire sans coloration affective importante. Ce peut être une fleur, un arbre, un nuage, un paysage... Cet exercice développe parallèlement le pouvoir de visualisation et l'aptitude à fixer son attention. Après un certain temps de pratique, le sophrologue demande à son élève de visualiser cet objet neutre tout en prenant conscience des sensations corporelles. Cet exercice très simple court-circuite les pensées parasites et engendre un plus grand calme intérieur. Il est excellent dans la lutte contre le stress.

C'est durant ce premier degré que le sophrologue enseigne à son élève la relaxation en position debout. C'est d'ailleurs une des grandes originalités de la sophrologie d'avoir prouvé que l'on peut se relaxer dans cette position — tant physiquement que mentalement — sans que l'équilibre en soit pour cela altéré.

La relaxation dynamique, et tout particulièrement le premier degré, est la colonne vertébrale de la pratique sophrologique.

Le deuxième degré : connaître et accepter son corps

Caycedo s'est ici inspiré du bouddhisme tibétain. L'élève continue de se concentrer sur les sensations corporelles et sur l'objet neutre, mais il apprend également à visualiser son propre corps ; celui-ci devient objet de concentration. Cet exercice d'autovisualisation peut, dans un premier temps, sembler curieux. On peut même se demander quelle est son utilité.

Le but principal de cet exercice est l'acceptation de l'image corporelle. Nous en reparlerons lorsque nous aborderons la partie pratique. D'autre part, nous avons constaté que cet exercice permettait de déceler une mauvaise attitude physique ou une tension corporelle non perçue auparavant. Cette prise de conscience incite à modifier cette attitude, ce qui produit sur le plan physiologique des transformations très positives. L'autovisualisation offre ainsi la possibilité de modifier la posture de son corps dans le sens d'une plus grande verticalité, d'un meilleur équilibre et d'une plus profonde relaxation.

Après avoir acquis l'habitude de s'autovisualiser, l'élève effectue un travail encore plus subtil sur ses cinq sens. On retrouve ici les idées chères à Vittoz pour qui la sensation pure — sans réflexion — est une vraie remise « *les pieds sur terre* » dans une calme lucidité. « *Il faut,* disait-il, *savoir trouver la détente dans la réceptivité exacte des choses extérieures.* » Il apprenait à ses patients à accueillir la sensation et, dans ce but, à bannir la réflexion. Il redécouvrit le principe oriental de non-dualité dont nous reparlerons au sujet de l'acceptation. Le « sentir » — sans l'intervention de la pensée — fait naître un contact direct entre l'observateur et la chose observée (pour reprendre ici les termes de Krishnamurti). Dans cet acte, il y a une expérience profonde unique, au-delà des mots et des concepts. C'est l'essence même de la méditation.

Le troisième degré : méditation et intuition

Ce degré est une approche occidentale de la méditation zen. Caycedo a supprimé le rituel ainsi que le côté mystique de la pratique du za-zen pour n'en conserver que les aspects importants : la posture, le niveau de conscience et la concentration sur le hara. Contrairement aux deux précédents degrés où la position exacte du corps n'avait que peu d'importance, la posture du troisième degré est, elle, très précise ; nous la détaillerons longuement lorsque nous aborderons la partie pratique. Ici la colonne vertébrale se redresse afin de retrouver sa verticalité naturelle et de libérer la région abdominale où est situé le fameux hara des Japonais, centre énergétique et vital. C'est sur ce point situé à quelques centimètres en dessous du nombril que l'élève place ses mains. Celles-ci y exercent à chaque expiration une légère pression ce qui aide à la *conscientisation* de ce lieu.

Le sophrologue peut aussi proposer un thème de méditation : la nature, l'énergie vitale, la vie, le silence.

Le but de ce troisième degré est de nous faire prendre conscience de notre dimension spirituelle. A force de pratique et de persévérance, nous percevons que notre être est relié à tous les êtres ainsi qu'à une puissance spirituelle que certains appellent cosmique. L'individu renoue peu à peu avec ses valeurs les plus profondes. Il spiritualise son être.

c) Le bord du sommeil

Un lieu de calme et de détente

Tout au long des séances de sophrologie, nous allons employer l'expression « *le bord du sommeil* ». Elle désigne ce niveau de conscience situé entre la veille et le sommeil que Caycedo a baptisé plus scientifiquement niveau sophro-liminal. Nous passons tous régulièrement dans ce niveau de conscience, ne serait-ce que le matin avant d'ouvrir les yeux et le soir juste avant l'endormissement.

A l'électroencéphalographe, on observe une plus grande fréquence des ondes alpha. Celles-ci sont le signe d'une attention détendue, flottante. Elles indiquent un état de veille calme ; c'est « *un état de tranquillité, de bonheur, une sensation de flotter presque* »... explique Barbara Brown (6).

On note, dans ce niveau de conscience, une plus grande suggestibilité. De plus, le positif y est mieux enregistré. Ainsi cherchons-nous, durant toute la séance, à descendre dans le plan le plus profond de ce niveau de conscience. Or, plus on y descend profondément, plus notre cerveau conscient — siège de l'intelligence conceptuelle et de la raison — voit son activité diminuer. Cela explique que les images, les suggestions et en général les signaux positifs (détente, calme, chaleur...) soient si bien enregistrés durant une sophronisation. En effet, lorsque notre faculté de raisonnement est trop en éveil, elle empêche l'acceptation de toute image positive et suggestive qui pourrait avoir une influence déterminante sur notre comportement futur. En réduisant — grâce à une sophronisation — l'activité du cerveau conceptuel, nous acquérons la possibilité de transformer certains comportements et d'agir sur notre corporalité, car tous les messages positifs vont alors passer par le circuit limbique (7). En agissant positivement

---

6. Barbara B. Brown : *Stress et biofeed-back* (l'Étincelle).

7. Le circuit limbique (ou rhinencéphale) est cette partie du cerveau qui intervient dans le contrôle de la vie végétative ; il est très sensible aux agressions et aux émotions et est aussi responsable de certains comportements.

sur le circuit limbique, nous déterminons de nouvelles réponses émotionnelles et physiologiques aux agressions de l'environnement.

La suggestion intervient aussi sur l'hypothalamus dans lequel on trouve les centres régulateurs de l'éveil, du sommeil, de la faim, de la soif... Par son intermédiaire, le vécu de la vie affective et la perception de l'environnement peuvent avoir un impact physiologique immédiat. Une grande peur, par exemple, va dans un premier temps bloquer la respiration ou, au contraire, l'accélérer. Le cœur se met à battre rapidement ; le corps est en état d'alerte ; il y a atteinte corporelle.

La relaxation — et tout particulièrement la sophronisation avec approfondissement du niveau sophro-liminal — équilibre donc les réponses au niveau hypothalamique. Grâce à la voix du sophrologue et/ou l'imagerie mentale positive, la respiration devient plus calme, le rythme cardiaque se ralentit : il y a *désomatisation*. Les troubles fonctionnels s'atténuent ou disparaissent.

Dans le niveau sophro-liminal, tout ce qui est pensé, imaginé ou ressenti imprègne puissamment le subconscient. Si le cortex (cerveau logique) n'était pas mis en veilleuse grâce à la sophronisation, toute action suggestive se heurterait alors à la barrière de la critique consciente et des résistances.

C'est en ce lieu de la conscience que l'on ressent avec intensité les sentiments de calme et de joie que les vicissitudes de la vie ou une mauvaise adaptation aux problèmes quotidiens masquent en permanence.

Une autre particularité de ce niveau de conscience est d'accroître le pouvoir d'assimilation et de mémorisation. Caycedo a d'ailleurs conçu une méthode complète d'entraînement à la mémoire. Avec le deuxième degré de la relaxation dynamique, nous aborderons certaines techniques issues de cette méthode dans le but ici de renforcer le positif.

La fermeture des yeux : un retrait du monde extérieur

Fermer les yeux est le préalable à toute relaxation mentale. Les yeux reçoivent en effet bon nombre de stimulations, surtout visuelles, qui vont à l'encontre d'une détente mentale profonde. S'il est possible de se relaxer tout en maintenant les yeux ouverts, ce n'est qu'après un long temps de pratique et, de toute façon, cela nécessite une très grande attention.

Fermer les yeux signifie tout d'abord relaxer les paupières. La séance de relaxation sophrologique commence donc par le relâchement des paupières et des petits muscles qui entourent les yeux. On prend ensuite conscience de chaque partie du corps, de chaque muscle afin d'y amener le calme et la détente. Lorsque cette lecture du corps est terminée, le sophrologue demande à son élève de se concentrer sur ses expirations. Celui-ci imagine, à chacune de ses expirations, qu'il descend un peu plus profondément en lui-même. Il se sent à chaque expiration descendre dans un niveau de conscience plus profond. Ainsi se rapproche-t-il, palier après palier, de ce lieu de lui-même calme et paisible. A chaque nouvelle expiration, il découvre plus de calme et de sérénité, et parvient enfin au bord du sommeil. Il retrouve là la sensation qu'il vit lorsqu'il est sur le point de s'endormir. D'ailleurs, s'il perd conscience des sensations corporelles, il peut très bien s'endormir. Cette expérience est très agréable car, à la sensation de calme et de détente, se jouxte un sentiment de force.

La méthode retenue par Caycedo pour atteindre ce niveau de conscience est sans doute la plus rationnelle. Mais il existe d'autres techniques pour descendre au bord du sommeil. On peut, par exemple, visualiser les sept couleurs du spectre ; l'élève imagine tour à tour le rouge, l'orange, le jaune, le vert, le bleu, l'indigo et le violet. On peut aussi se représenter mentalement un compteur gradué de cent à zéro ; le professeur fixe le début de la détente mentale à 45 (par exemple) et l'élève détermine, en fonction de son état nerveux et émotif, où il se situe entre le chiffre 45 et le chiffre 100 : le chiffre 100 correspond à un état de grande nervosité et d'excitation intérieure ; le chiffre 50 équivaut à un état de veille détendu ; si l'élève est moyennement énervé il se place au chiffre 75. Ces chiffres sont bien entendu arbitraires mais les expériences montrent que cette méthode est efficace. L'autosuggestion n'y est pas pour rien. Néanmoins cette méthode des chiffres rebute certains élèves. Il est d'ailleurs beaucoup plus simple de concentrer son attention sur la respiration que d'imaginer un compteur gradué de 0 à 100. En Inde, certains yogis utilisent la concentration sur l'expiration lors de leur yoga-nidra (8) ; ils parviennent ainsi à un degré d'intériorisation beaucoup plus profond et à une paix plus intense.

---

8. Technique hindoue de relaxation profonde avec visualisation.

Écouter les messages de son corps

Régulièrement durant la séance, le sophrologue rappelle à ses élèves qu'ils doivent rester conscients de leurs sensations corporelles car, en demeurant à l'écoute de ce domaine cénesthésique, on est certain de ne pas s'endormir, donc de bénéficier pleinement de la relaxation. De plus, la perte de conscience des sensations corporelles peut engendrer chez certains sujets une angoisse ou un mal-être ; chez eux cette non-perception de sensations équivaut à une coupure d'avec la réalité, réalité qu'ils ont justement du mal à appréhender. Des yogis avancés en relaxation yogique ou en yoga mental pratiquent couramment cet exercice. Après une relaxation physique et mentale, ils se coupent peu à peu de toute sensation corporelle opérant ainsi un « retrait des sens » (9). Cette abstraction du monde physique est, dans un premier temps, hors du domaine de la sophrologie. Nous avons vu qu'elle recherche en priorité la réduction des tensions musculaires et psychiques et la suppression des troubles nerveux et comportementaux dans le but de retrouver un parfait équilibre psychosomatique. A la suite de ce travail de « nettoyage », pourrait-on dire, chacun est libre de compléter cette connaissance de soi par une recherche intérieure plus profonde ou bien simplement de définir de nouvelles conditions à sa vie. La sophrologie s'arrête là où commence tout chemin spirituel ou religieux.

Mais il est possible qu'un jour, au cours d'une relaxation, vous fassiez cette expérience gratifiante : ne plus percevoir le corps et avoir la sensation qu'il devient léger, lumineux ou transparent. Si cette expérience se produit spontanément, c'est que vous êtes prêts à la vivre ; savourez-en alors chaque instant. Sinon n'essayez pas de la provoquer, elle risquerait de créer un mal-être et les efforts prodigués pour atteindre ce résultat ne feraient que rajouter des tensions à votre état présent. Hélas, certaines méthodes de méditation — actuellement largement diffusées — ne mettent pas en garde leurs futurs adeptes contre ce danger ! La méditation — et c'est compréhensible — attire souvent des individus plus ou moins déséquilibrés qui, n'ayant pas les pieds sur terre,

9. Le « retrait des sens » ou *pratyahara* constitue la cinquième étape du yoga ; elle est l'aboutissement de la relaxation physique et mentale et prépare à la méditation.

auraient avant tout besoin d'un travail sur leur corps capable, lui, d'affirmer leur présence au monde. C'est dans ce but que le tout premier travail en sophrologie est la perception dynamique de son corps, la méditation n'étant proposée qu'au troisième degré et encore celle-ci reste-t-elle très liée à la corporalité. En demeurant conscient de son corps, on crée un état de relaxation et de bien-être, non un état de torpeur susceptible d'engendrer une angoisse.

Des études électroencéphalographiques ont démontré que le cerveau d'un individu qui se *sophronise* émet à la fois les ondes cérébrales typiques de l'endormissement et celles du réveil. La conscience semble simultanément s'endormir et se réveiller. Le sujet est « dispos dans le repos ». Et le souhait de tout le monde n'est-il pas d'être conjointement plein d'énergie et bien relaxé ?

CHAPITRE II

La relaxation, nécessité physiologique

« Apprendre à se détendre est non seulement le premier pas vers le soulagement, mais aussi vers la plupart des formes de communication profonde avec soi-même. »

Dennis Jaffe

1. Savoir s'arrêter

Au début d'une séance de relaxation, le sophrologue demande à son élève de s'installer confortablement et de s'immobiliser. L'immobilité — préalable à la relaxation mentale — exige déjà de certaines personnes un premier travail sur elles-mêmes. Constatons que, dans la vie quotidienne, il est bien rare de conserver une parfaite immobilité. Submergés par les sollicitations et les demandes de toutes sortes, entraînés par un rythme que le corps accepte mal, nous ne savons plus marquer le pas. Que l'on ait peur d'entrer en contact avec soi-même ou que l'on soit honteux à l'idée de ne rien faire, le résultat est le même : activisme générateur de tensions nerveuses. Certains craignent même de voir l'immobilité créer en eux un vide existentiel. Or celui qui s'initie à la relaxation constate très vite que ce vide n'existe pas. C'est d'ailleurs un des mérites de Caycedo d'avoir fait prendre conscience à ses patients (puis au corps médical) que durant une sophronisation on découvre en soi (au niveau de la peau, des muscles et des viscères) des sensations très agréables : « *Le vide du schéma corporel que décrivent de nombreux phénoménologues,* dit-il, *trouve son explication dans le fait que leurs études ont porté sur des malades dont le schéma corporel était " déformé " pathologiquement. Et aussi sans doute, parce que ces observations furent conduites par des personnes ignorantes des techniques qui font apparaître le monde du positif.* » Avec la sophrologie nous découvrons que le corps peut être perçu agréablement. Comme le remarque justement Yves Davrou, nous disons aisément : « *J'ai mal au ventre* », mais nous nous exprimons rarement pour faire état que nous avons « bon au ventre ».

Cette attitude d'esprit qui consiste à voir le bon côté des choses — et pour ce qui nous intéresse ici à percevoir le corps sous l'angle du positif — est essentielle à quiconque désire retrouver la joie de vivre.

Nous venons de dire que sans immobilité — tant physique que mentale — aucune relaxation n'est possible. Mais, allez-vous répliquer, l'activité est à la base de toute vie ; sans elle aucun travail n'est envisageable, aucune évolution n'est possible. En effet, l'activité est nécessaire ; c'est effectivement grâce à un travail régulier et constant que nous assurons notre existence et celle de nos proches. En agissant sur notre environnement et en le transformant nous améliorons la qualité de notre vie. On ne peut imaginer de vie sans action. Manger, se distraire ou voyager sont des actes qui nécessitent un travail musculaire. On peut donc affirmer que l'homme est né pour agir ; c'est d'ailleurs la thèse que soutient Henri Laborit : « *Un système nerveux,* dit-il, *ne sert qu'à agir... l'action permet à un organisme de maintenir sa structure en transformant l'environnement au mieux de sa survie* (1). »

Il y a bien sûr une contrepartie à l'activité, car un organisme aussi sain soit-il a besoin d'un temps de repos pour récupérer. C'est le rôle du sommeil. Mais dans les grandes villes, le sommeil des citadins est de plus en plus fragile. Les agressions continuelles que les sens reçoivent, le stress de l'insécurité, le rythme trop rapide de la vie entament peu à peu les réserves énergétiques de l'individu. Son système nerveux se fragilise. Sa charpente muscu-

---

1. Henri Laborit : *L'Inhibition de l'action* (Masson).

laire se durcit. Ses fonctions biologiques sont également atteintes (digestion difficile, constipation, mauvaise élimination...). Conjointement à ce tableau pessimiste, la qualité de son sommeil baisse. Il suffit alors d'un problème plus grave ou d'une tension un peu plus forte pour qu'apparaisse l'insomnie, et l'insomniaque est avant tout un homme tendu nerveusement et musculairement.

La relaxation apparaît donc comme l'autre façon de lâcher les tensions et de reprendre des forces. Si, chez l'adulte, la détente ne semble pas au prime abord une fonction naturelle, il suffit au contraire d'observer un bébé pour comprendre que, chez lui, elle est spontanée. Les animaux (pensez au chat) possèdent cette faculté innée de se relaxer ; l'homme — être cérébralement évolué — doit réapprendre. C'est pour lui d'autant plus vital qu'il évolue maintenant au sein d'une société où les rythmes biologiques les plus élémentaires sont bafoués. Les technologies nouvelles ont non seulement modifié son environnement le plus immédiat mais ont aussi contribué à le couper de la nature. Désireux de conserver les nombreux avantages qu'offrent ces technologies, il recherche sans cesse ce qui pourrait en annuler les effets pernicieux.

Il s'oriente alors vers toutes les formes d'activité sportive (marche, natation, sport d'équipe...) espérant qu'elles atténueront les troubles dus au sédentarisme ou à de mauvaises conditions de vie. Et si chez certaines personnes la décharge nerveuse que procurent ces activités semble suffisante pour contrebalancer les effets du stress, dans bien des cas les tensions profondes n'ont pas été dénouées.

La sophrologie expose une approche différente du problème. Avant toute relaxation, **il faut d'abord apprendre à s'arrêter.** Cette pause permet de faire le point sur les problèmes actuels. Vient ensuite le **réapprentissage de la détente**, du lâcher-prise devrions-nous dire. La relaxation n'est pas une action mais une non-action ; on ne « fait » pas de la relaxation comme on fait du sport. Celui qui aborde une méthode de relaxation doit comprendre ce que signifie le non-agir. Il ne s'agit plus ici de faire un effort mais, bien au contraire, de lâcher tout effort. Durant la séance, tout volontarisme doit être proscrit, sinon c'est l'échec. Il en est de la relaxation comme du sommeil ; l'insomniaque sait très bien que le fait de répéter continuellement : « *Je veux dormir* » ne provoquera pas le sommeil. Il faut tout au contraire accepter ce qui est (l'insomnie ou la tension) et bien souvent l'acceptation apporte déjà un soulagement car alors la lutte s'arrête et, avec elle, les tensions qu'elle entretenait. Enfin, troisième étape : la **visualisation.** Le pouvoir de l'image est si grand que certains maîtres affirment que notre force la plus grande est l'imagination créatrice. La sophrologie développe intensément cette faculté très souvent inexploitée, voire méconnue. Avec elle, nous sommes en mesure de transformer positivement notre existence et d'aller vers plus de lumière (2). Elle est le moyen d'harmoniser nos différentes composantes (corps, cœur, esprit, âme). Elle nous aide aussi à améliorer les relations humaines sans lesquelles la vie est un mensonge.

A la base de cette transformation, il y a le relâchement musculaire. Les tensions sont souvent la cause — prédominante ou non — de troubles plus graves comme l'insomnie, l'angoisse, la dépression. N'oublions pas que la maladie est le moyen le plus efficace dont dispose notre organisme pour se procurer le repos dont il a besoin. Il faut prendre l'habitude de s'arrêter ne serait-ce que quelques minutes par jour car, dans l'immobilité retrouvée, nous découvrons cette écoute intérieure génératrice de calme et de paix. Cette pause quotidienne suffit dans certains cas à restaurer l'équilibre nerveux et à atténuer les effets du stress. Comme le compositeur qui crée une œuvre, introduisons dans notre vie les pauses et les silences qui en feront un chef-d'œuvre.

2. Tranquilliser l'esprit

Un second mouvement, bien plus difficile à freiner, est celui des pensées. Les pratiques yogiques et zen n'ont pas d'autre but que de calmer le mental. En Inde, on compare le mental (c'est-à-dire la fonction pensée) à un singe fou, piqué par un scorpion ! C'est cet animal que nous devons dompter !

Chacun peut observer quotidiennement la valse endiablée des pensées. Elles sont fugaces, tenaces ou pesantes. Elles reviennent parfois sans arrêt comme un leitmotiv. Elles se suivent rapidement, l'une poussant l'autre. Elles sont insignifiantes ou graves, négatives ou positives. Elles nous gênent ou nous amusent. Par-

2. E.-S. Gallegos et T. Rennick : *L'Imagination active* (Éditions Dangles).

fois elles nous angoissent. Quand nous sommes passionnés par un sujet, elles semblent disparaître mais, bien vite, elles reviennent. Elles nous font revivre le passé, évoquent un problème présent ou nous donnent une idée, une vision de l'avenir. Mais en définitive nous en sommes fiers car, en bons cartésiens, nous avons tous en tête cette phrase célèbre : « *Je pense, donc je suis* », car c'est bien la pensée qui nous distingue de l'animal. C'est grâce à elle que notre organisation sociale est ce qu'elle est. Sans elle nous n'aurions jamais maîtrisé la matière comme nous le faisons en ce XXe siècle. Alors, pourquoi l'arrêter ?

Il y a en fait deux pensées : la pensée active et la pensée passive. La **pensée active**, c'est la réflexion, la recherche, l'interrogation. L'homme recherche une solution à un problème ou essaie de comprendre les mécanismes biologiques de son corps humain. Qu'il soit artisan, scientifique ou philosophe, sa réflexion et sa détermination permettent à l'humanité de progresser vers plus de bonheur et de liberté. La pensée est là utilisée comme un outil.

La **pensée passive**, elle, est ce magnétophone branché dans notre tête, qui fonctionne quasi en permanence. Nous ne savons pas l'arrêter et nous ignorons comment changer la cassette. Certains espèrent une panne providentielle, mais cette solution miracle est illusoire ! Le but de tous les yogas orientaux est de découvrir où se trouve la touche « stop ». Ce travail intérieur exige beaucoup de patience et de persévérance ; il n'est pas à la portée de tout le monde. En revanche, nous sommes tous capables de réduire la vitesse et le rythme des pensées et cette étape est déjà un grand pas vers la maîtrise de soi et le calme intérieur. Les pensées étant espacées, le système nerveux apaisé, il faut alors enlever la vieille cassette et la remplacer par une autre ayant un thème bien précis. On apprend à diriger le mouvement de la pensée. Tara Michaël nous explique dans son livre sur les yoga-sutras que « *le mouvement de l'esprit, c'est-à-dire cette succession ininterrompue de vagues mentales, ne peut être interrompu abruptement, mais il peut être confiné à un certain territoire, n'étant autorisé à s'exercer qu'à l'égard d'un domaine circonscrit* (3) ». C'est la concentration, le pouvoir de diriger son attention dans une direction donnée. Les grands hommes (politiciens, chercheurs, inventeurs...)

3. Tara Michaël : *Clefs pour le yoga* (Seghers).

possèdent tous un pouvoir de concentration très élevé. C'est une des clés de leur réussite.

En sophrologie, le domaine circonscrit dont parle Tara Michaël est notre propre corps. Nous apprenons à l'écouter, à percevoir sa vie interne. Cette perception des sensations corporelles que l'on développe dès le début du premier degré de la relaxation dynamique est une des bases essentielles de la pratique sophrologique. « *Les méthodes de relaxation et d'entraînement sophrologique,* explique le docteur Miguel Guirao, *incitent notre conscience à écouter le message vivant de nos muscles et à se recréer en l'introduisant en elle* (4). » La perception de notre schéma corporel en tant que réalité vécue est la pierre angulaire de notre équilibre nerveux, émotionnel et psychique.

3. « Respirer » la vie

Par ordre d'importance, les besoins fondamentaux de l'organisme humain sont : l'air, les aliments, l'eau. Ces « carburants » indispensables au corps humain maintiennent l'organisme en bonne santé. Ils permettent à l'homme d'agir, de travailler, de vivre. Mais il existe un quatrième type de « carburant » dont l'existence est moins connue en Occident : l'**énergie.** En Orient on connaît bien l'importance de cette force qui circule en chacun. Qu'on la nomme prana, Ki, chi, c'est de la même énergie qu'il s'agit. Elle est présente dans les aliments, dans l'eau, dans l'air. Elle se différencie de façon très complexe dans le corps humain. Elle est présente dans tous les processus biologiques qui œuvrent en nous. Le pranayama (exercices respiratoires yogiques) permet son contrôle et son assimilation au moyen du souffle. Les aiguilles d'acupuncture régularisent les courants énergétiques qui suivent les nombreux méridiens d'énergie. Il est maintenant prouvé que les points d'acupuncture ont une intensité électrique différente, ce qui permet d'ailleurs de les repérer avec précision grâce à des appareils électriques très sensibles. On sait aussi que dans l'air que nous respirons, certains ions sont chargés négativement et d'autres

4. Miguel Guirao : *Anatomie de la conscience* (Maloine).

positivement. Les ions négatifs sont vitalisants. Or, dans les villes où prédominent les poussières et les fumées, les gros ions négatifs sont captés par les petits ions positifs (5) ; cela explique en partie la fatigue du citadin. Mais, même en pleine campagne, l'intérieur d'une maison est faiblement ionisé négativement car ces ions sont très fragiles. Ne nous sentons-nous pas fatigués, sans force lorsque nous restons enfermés toute une journée ? Ne percevons-nous pas au contraire une sensation d'énergie lorsque nous nous trouvons à la campagne ou à la mer ? Cette sensation de vigueur n'est pas due à une concentration plus forte d'oxygène, celle-ci est en effet exactement la même à la ville qu'à la montagne (6) ; mais, la concentration d'ions négatifs n'est plus du tout la même. Une concentration trop faible d'ions négatifs favorise l'apparition de certaines maladies (rhume, grippe, angine, asthénie, asthme...). Même une pièce aérée régulièrement reste pauvre en ions négatifs car ceux-ci, très fragiles, sont neutralisés par les poussières ou détruits par les murs contre lesquels ils viennent se heurter. Pour pallier ce problème, il faut donc « prendre l'air » le plus souvent possible ou brancher en permanence chez soi un ioniseur, appareil générateur d'ions vitalisants.

L'énergie prânique (ou ions négatifs) étant véhiculée par l'air, en respirant l'un nous absorbons l'autre. Il importe donc de savoir bien respirer. La respiration complète yogique (7) garantit une bonne ventilation pulmonaire et une bonne assimilation de l'énergie. La respiration influence directement notre santé tant physique qu'émotionnelle. Elle est un acte de vie. En respirant consciemment, nous approfondissons notre conscience corporelle.

Mais la respiration est aussi un acte musculaire. Cela signifie que des tensions abdominales ou un blocage thoracique entravent considérablement cette fonction. Les tensions dorsales contrariant la mobilité thoracique, il convient de relaxer le dos avant le thorax. Vouloir respirer profondément alors que le système musculaire est tendu peut, au début d'une pratique, engendrer des tensions nerveuses. La relaxation est le préalable à la respiration

---

5. Contrairement à ce que l'on pourrait croire, ce sont bien les ions dits négatifs qui sont bénéfiques à la santé.

6. Voir le livre du professeur Métadier : *Les Oxions* (Éditions Godefroy).

7. Voir, du même auteur : *Initiation au yoga,* p. 43 et suiv. (Éditions Dangles).

profonde. Ensuite seulement la respiration est en mesure d'approfondir la relaxation. En prenant le temps de respirer, on crée une nouvelle façon de vivre. Prenez vous aussi le temps de « souffler ». Le corps n'est pas une machine ; il a ses rythmes, ses besoins. Il ne peut fonctionner sans discontinuer, ne peut subir indéfiniment de mauvais traitements (respiration superficielle, tassement du dos, tensions nerveuses...). Quand il souffre, écoutez son message.

4. Apprendre à se relaxer

« Quelle perception ai-je de mon corps, ici et maintenant ? » Cette question revient souvent au cours de la séance de sophrologie. Elle incite le pratiquant à se mettre à l'écoute de son corps, dans l'instant présent. Dans cette perception globale, on essaie de considérer les sensations négatives éventuellement présentes comme des sensations normales et, par-dessus tout, de ne pas se laisser hypnotiser par elles. On fait un constat en quelque sorte, celui de l'état du corps à un moment donné. Au début d'une séance cette prise de conscience aide à couper court à toute verbalisation inutile, car « *la sensation pure (sans réfléchir),* constate le docteur Chauchard, *est une vraie remise " les pieds sur terre " dans une calme lucidité* ». Toute détente passe nécessairement par le ralentissement de la fonction pensée. Ainsi devons-nous éviter, tout au long de la séance, les cogitations, les interrogations, les jugements sur ce qui peut être perçu. Mais, malgré tout, si des pensées viennent troubler la relaxation, il ne faut en aucun cas engager une lutte contre elles ; cela ne ferait qu'augmenter les tensions. Il faut tout au contraire les accepter et les laisser passer. Un des moyens les plus efficaces pour canaliser le flot incessant des pensées, consiste à observer sans relâche le va-et-vient du souffle. Nous aborderons d'ailleurs cet exercice dans la partie pratique.

La perception des sensations corporelles est le moyen le plus sûr pour relâcher les muscles. Avec un peu de pratique on arrive très vite à relâcher les tensions. On sent alors la chaleur envahir doucement le corps tout entier. Perception du corps et relâchement musculaire procurent une détente cérébrale. Au sortir d'une relaxation, on ressent comme un grand nettoyage physique et mental. C'est en fait un premier pas vers la paix intérieure. « *Dans le refuge simple et sûr de notre corps,* explique Miguel Guirao, *nous structurons mieux notre schéma corporel ; nous atteignons l'harmonie physique en prenant conscience que ce corps sain rayonne de santé* (8). »

En approfondissant la relaxation et en développant cette écoute corporelle, nous découvrons que les sensations positives et agréables sont plus nombreuses que les autres. Cette expérience nous amène à dédramatiser les sensations désagréables (tensions, douleurs) et à relativiser leur importance. Il n'y a pas négation du négatif mais perception globale du corps. L'expérience prouve que dans cette perception les sensations positives prédominent, et que les sensations jugées désagréables perdent leur coloration négative.

La relaxation est avant tout une prise de contact avec chaque partie du corps (muscles, articulations, viscères). Cette exploration nous permet peu à peu d'acquérir un autocontrôle de nos systèmes musculaire et nerveux. Nous cessons ainsi d'être le jouet d'événements extérieurs, c'est-à-dire que face à un problème ou à un stress, nous ne réagissons plus brutalement par des contractions musculaires ou une excitation nerveuse. En conservant le calme et la maîtrise du corps, l'action à entreprendre contre le facteur de stress ou le problème en question n'en est que plus juste. Grâce à une meilleure appréhension du problème nous l'affrontons avec plus de sérénité. La cure de relaxation est, pour le docteur Lemaire, « *la conquête d'une liberté, d'une indépendance par rapport aux perturbations extérieures ou intérieures* (9) ».

5. L'origine des tensions

Il est important pour un individu de réfléchir de temps en temps sur sa propre vie, sur le pourquoi de ses problèmes et de ses tensions. Le fait d'établir le lien entre un mal-être présent et une situation conflictuelle ou un événement déjà plus ancien aide

8. Professeur Miguel Guirao, *op. cit.*
9. Docteur Lemaire : *La Relaxation* (Payot).

beaucoup à la guérison du trouble. Il nous faut donc observer quels sont, dans notre vie, les événements ou les conflits qui pourraient être à l'origine des tensions ou maladies présentes. Car notre bien-être découle directement de la façon dont nous vivons dans notre environnement. Parfois la maladie puise ses sources dans une inadaptation à certaines réalités sociales, familiales ou personnelles. Un trouble a donc toujours une signification personnelle. Il est la carte d'identité de notre vie.

Dans sa pratique quotidienne, le docteur Jaffe est arrivé à cette conclusion : certaines personnes expriment leurs conflits émotionnels et leurs problèmes à travers la maladie. Celle-ci est un appel au secours ; elle signifie que l'individu s'adapte mal à une situation stressante ou à un changement de vie ou d'habitude (chômage, changement de résidence bouleversant un équilibre, départ des enfants, mort d'un conjoint, problèmes affectifs, sexuels...). Cette mauvaise adaptation se traduit physiologiquement par de nombreux déséquilibres ou dérèglements. Si l'individu ne trouve pas rapidement une solution à son problème, la tension créée par le conflit interne se porte sur une partie du corps : cœur, estomac, intestins... ; qu'il y ait infarctus, ulcère ou coliques néphrétiques, c'est l'individu lui-même qui a forgé ce trouble. Le premier conseil que suggère Dennis Jaffe, c'est de faire le rapprochement entre l'état physico-mental présent et les problèmes ou contraintes de la vie. **Comprendre le pourquoi d'une maladie est le premier pas vers la guérison.** Les tensions et les maladies sont, répétons-le, des messages. Il appartient à chacun de les déchiffrer pour s'en libérer.

6. L'entraînement sophrologique

a) La sophronisation simple

Dans sa partie statique, la séance de sophrologie comporte généralement trois phases : la *sophronisation,* l'*activation intra-sophronique* et la *désophronisation.*

La **sophronisation** est le processus de détente physique et mental. Après avoir relâché minutieusement chaque partie de son corps, on se laisse descendre dans le plan le plus profond du niveau sophro-liminal ; on savoure alors le calme et le bien-être qui envahissent le corps tout entier.

On effectue ensuite une **activation intrasophronique,** c'est-à-dire que l'on utilise ce niveau calme et paisible pour dynamiser et positiver la conscience. A cet effet, on utilise l'imagerie intérieure. Celle-ci nous aide à harmoniser notre personnalité ; elle annule les images négatives que l'on a de soi et, dernier point, elle agit sur nos structures profondes responsables de notre comportement quotidien.

La **désophronisation** suit immédiatement l'activation intrasophronique. C'est le retour au niveau de la veille, à l'activité. On respire plus profondément, on s'étire afin de réveiller le corps. On n'ouvre les yeux que lorsque l'on se sent parfaitement dispos.

Ces trois phases peuvent être vécues en position allongée, assise ou debout. La position allongée est celle que préconisent la plupart des méthodes de relaxation. Si elle offre certains avantages (lâcher-prise total, abandon complet à la pesanteur), elle a l'inconvénient de ne pas être une position de la vie quotidienne. Or il est important de savoir se relaxer en toute occasion, en tout lieu. De plus, la position allongée incline au sommeil ; les positions assise et debout maintiennent au contraire une certaine tonicité musculaire ; elles favorisent l'éveil de la conscience et empêchent la création d'un état de semi-torpeur. La relaxation en position debout est une des originalités de la sophrologie. Une expérience de plus de 15 ans prouve qu'il est tout à fait possible de se relaxer dans cette position et ce, sans perte d'équilibre. La pratique de la relaxation profonde dans cette position renseigne sur la façon dont on se tient dans la vie quotidienne. On est alors en mesure d'améliorer sa statique corporelle.

b) La relaxation dynamique

Nous avons détaillé plus haut l'originalité de chacun des trois degrés de la relaxation dynamique. Au prime abord, ces deux mots semblent mal s'associer car la relaxation évoque plutôt un état statique susceptible d'engendrer une hypotonie musculaire. Pourtant, en sophrologie il s'agit bien de créer une dynamique : dynamique du corps mais aussi et surtout dynamique de l'esprit. En fait, l'un ne peut aller sans l'autre, la conscience étant un tout indissociable.

Concrètement, ces trois degrés comportent des exercices de prise de conscience corporelle et des exercices de visualisation. Les uns comme les autres ont pour but de dynamiser le positif. Les premiers constituent un travail sur le schéma corporel, travail dont on ne peut faire l'économie. On apprend à associer mouvement et détente profonde. Ainsi voit-on naître en soi, grâce à la création de mécanismes nouveaux basés sur le calme et la détente, de meilleures réponses aux stress et aux problèmes de la vie courante.

Les exercices de visualisation (activations intrasophroniques) transforment positivement nos attitudes et nos comportements. La personnalité en ressort régénérée et dynamisée. Ces exercices sont des leviers remarquables pour les blocages et les limitations de la personnalité.

7. Les bienfaits de la sophrologie

Le domaine d'action de la sophrologie est très vaste. La simple relaxation (sophronisation) agit remarquablement dans de nombreuses affections. Jacobson voit dans la tension musculaire la cause de nombreuses affections, parmi lesquelles l'hypertension artérielle, les crises cardiaques, l'anxiété, les ulcères, les colites. Le système musculaire étant celui qui nous met directement en contact avec le monde extérieur, il est évident qu'il est le lieu privilégié des tensions. Il forme une carapace qui nous protège des agressions externes. Si celles-ci sont trop nombreuses ou trop répétées, les muscles n'ont alors plus le temps de se détendre. Ces tensions musculaires allant bien évidemment de pair avec les tensions mentales et nerveuses, en neutralisant les premières on voit progressivement s'atténuer les secondes. La relaxation des muscles striés est donc une étape indispensable à la réalisation de l'équilibre psycho-corporel. La relaxation musculaire rétablit un dialogue positif avec notre corps.

L'entraînement sophrologique (relaxations statique et dynamique, et visualisations positives) est d'un grand recours dans les cas de dépression nerveuse, phobie, angoisse, nervosité, surmenage, asthénie, insomnie, idées noires, asthme, constipation, troubles sexuels, céphalées, manque de confiance en soi, grossesse.

Bien que la sophrologie sociologique soit à caractère volontairement préventif, nous devons constater que les personnes en pleine santé et bien équilibrées ne pensent généralement pas un seul instant à suivre un traitement pour sauvegarder leur bien-être. On ne va voir un sophrologue — thérapeute ou non — que lorsque l'on souffre d'un trouble physique ou mental. Le corps médical a d'ailleurs entretenu pendant bien longtemps cette attitude chez ses patients. On ne conseille un régime que lorsque l'on est malade. Tant qu'un individu est bien portant, il peut manger de tout sans se préoccuper de la valeur diététique des aliments. Or, dans ce domaine comme dans les autres, la prévention est souveraine.

Tout ce que peut apporter la sophrologie, vous le découvrirez jour après jour, séance après séance. Sachez qu'il y a en chacun des trésors... Ils se dévoileront peu à peu. Des portes s'ouvriront et vous feront entrevoir un monde nouveau.

8. Les réactions marginales

Une sophronisation provoque parfois des réactions physiques ou nerveuses. Le fait de lâcher des tensions peut soudainement engendrer une grande fatigue ou une envie subite de dormir. Pendant une relaxation on peut avoir la sensation que le corps s'allonge, s'élargit ou se rétrécit. Ces réactions sont bien connues de tous les relaxologues et ne doivent surtout pas inquiéter.

Les réactions les plus fortes se produisent souvent dans les positions assise et debout mais restent très rares. Chez la femme enceinte, la relaxation dynamique peut entraîner des nausées, surtout chez celles qui commencent l'entraînement sophrologique plusieurs mois après le début de leur grossesse.

Les personnes souffrant de troubles cardiaques ou pulmonaire doivent se méfier des rétentions de souffle, surtout poumons pleins. L'exercice peut alors être exécuté en respiration libre.

Durant la séance, il faut proscrire tout jugement négatif sur ce qui peut être perçu. En effet, on peut ne pas vivre agréablement une séance et pourtant se sentir très bien dans les heures qui la suivent. Comme tout travail en profondeur, la sophronisation modifie des habitudes et des façons d'être qui, bien sûr, ne se défont pas sans quelques réactions.

Toutes ces réactions, assez rares pendant les séances de groupe dirigées par un sophrologue, sont encore moins fréquentes en autorelaxation.

9. Mode d'emploi de ce livre

Afin de profiter pleinement des bienfaits de la relaxation sophrologique, nous vous conseillons d'enregistrer chaque séance. Comme chacune doit être pratiquée pendant au minimum une semaine, le temps passé à l'enregistrement est minime. Nous avons, à cet effet, rédigé les textes à enregistrer à la première personne du singulier. Ainsi, en écoutant votre cassette, vous écouterez la voix comme si elle venait de l'intérieur de vous.

Si vous optez pour cette façon de pratiquer, il faut que votre voix soit calme, douce, monocorde et en même temps persuasive. Après quelques tâtonnements vous découvrirez vite le timbre de voix idéal. Tenez bien compte en lisant le texte des virgules, des points qui sont autant de silence et de pauses. Lisez lentement.

Il est également possible de faire une séance après avoir lu plusieurs fois attentivement le texte. Néanmoins au début de votre pratique, cette façon de faire est moins aisée. En revanche, au bout de quelques semaines ou quelques mois, vous n'aurez sans doute plus besoin des cassettes. Peut-être même vous gêneront-elles car vous serez alors capable de construire vous-même votre séance en fonction de vos désirs.

10. Le système musculaire et la vie de relation

Le système musculaire est composé de deux types de muscles. Ceux qui nous intéressent ici, les muscles striés, nous mettent en relation avec le monde extérieur et assurent la mobilité du corps. Grâce à eux, nous travaillons, marchons, sourions... Ils sont responsables du mouvement, du déplacement du corps dans l'espace ; à cet effet, ils sont en grande partie rattachés aux os. Bien qu'étant sous notre contrôle volontaire, ils peuvent également être actionnés sans réflexion de notre part. Si, par exemple, nous touchons par mégarde une plaque électrique brûlante, la main se retire instantanément. Lorsque nous marchons, nous n'avons pas besoin de réfléchir aux contractions à effectuer. Tout s'organise spontanément grâce à un apprentissage préalable. Beaucoup de nos actes — surtout les plus quotidiens — résultent d'un apprentissage. Celui-ci crée des réflexes conditionnés qui permettent à l'homme de perfectionner son action dans le monde. Quand en voiture un obstacle se dresse devant nous, notre pied enfonce immédiatement la pédale de frein.

C'est le cerveau — ordinateur inégalable — qui, après avoir interprété instantanément la situation, envoit les ordres nécessaires. Le système nerveux central assure le lien entre le message sensoriel, le cerveau et le muscle. La contraction musculaire qui se situe au bout de ce circuit est une réponse mécanique à une excitation donnée. Elle est naturelle et nécessaire.

Lorsque le muscle est au repos, on dit qu'il est tonique. Le tonus est une contraction partielle, permanente, qui maintient le corps dans une position donnée. Lemaire le définit comme une « *contraction habituelle, modérée, entretenue par un influx nerveux... une légère tension qui affecte en permanence tout muscle au repos* (10) ».

Bien que le tonus musculaire ne soit pas sous la dépendance du cortex (siège de l'intelligence), il n'en demeure pas moins influencé par les émotions et les pensées. Des émotions fortes ou des pensées agressives agissent considérablement sur la fonction tonique des muscles. Quand on subit un choc affectif, les muscles se contractent. Si, au contraire, on parvient à vivre le problème calmement, c'est-à-dire sans le colorer négativement, aucune tension ne s'inscrit dans les muscles. Lorsque ce contrôle ne s'exerce pas, les tensions se répétant régulièrement deviennent chroniques. Elles entravent alors la liberté du corps, donc le plein épanouissement de la personnalité.

---

10. *Op. cit.*, p. 32.

Les tensions prolongées ou répétées gaspillent une énergie qui aurait pu être utilisée pour agir. Elles créent un épuisement progressif. Il nous faut donc apprendre, comme le conseille vivement Jacobson, à économiser notre énergie. Il observe également — et cela est très important — que le positif apparaît quand la tension disparaît. La relaxation engendre la joie.

*

* *

PARTIE PRATIQUE N° 1

A. Sophronisation en position allongée

Nous avons vu qu'une séance comportait trois phases bien distinctes. Mais pour cette première séance, vous n'allez pas faire d'activation intrasophronique afin de mieux concentrer votre attention sur le relâchement musculaire et la détente mentale.

Si, exceptionnellement, nous vous proposons d'effectuer une sophronisation en position allongée, c'est pour vous aider à bien percevoir la détente musculaire. Ensuite vous parviendrez sans peine à vous relaxer en position assise ou debout.

La relaxation est un processus d'intériorisation. Elle équilibre notre conscience en la dégageant de la perception prédominante des stimulations externes. Nous sommes quotidiennement tournés vers l'extérieur : travail, famille, loisirs... En relaxation nous apprenons à nous tourner vers l'intérieur de nous-même. Cette intériorisation procure un grand apaisement mental ; elle nous régénère autant physiquement que mentalement.

Recherchez la position la plus confortable. N'hésitez pas à poser la tête et la nuque sur une couverture pliée afin de compenser la cambrure cervicale. Si vous souffrez des lombes, pliez les genoux, placez les pieds près des fesses, suffisamment écartés pour que les genoux retombent naturellement vers l'intérieur. Recherchez le meilleur écartement pour vos bras et pour vos jambes si elles sont restées allongées.

Installez-vous sur un plan relativement dur mais ne pratiquez jamais à même un carrelage. Évitez aussi de vous relaxer sur un lit sauf, bien entendu, si vous désirez ensuite vous endormir.

Pensez, lorsque c'est possible, à aérer la pièce. Néanmoins la température ambiante doit être assez élevée (18°-19°), surtout pendant une relaxation statique.

Enfin, dans la mesure du possible, isolez-vous complètement. Fermez la porte de la pièce où vous pratiquez afin que personne ne rentre brutalement. Débranchez le téléphone...

Si vous désirez bouger pendant la séance, faites-le, mais doucement et consciemment.

B. Texte à enregistrer (11)

Je m'installe confortablement... Je ferme les yeux, lentement... Je prends conscience de mon corps. Tout d'abord les sensations de contact. Contact avec le sol (5 secondes), *contact des vêtements* (5 secondes), *contact de l'air sur les parties du corps découvertes* (5 secondes). *Je sens maintenant tout mon corps qui s'abandonne à la pesanteur...*

Je relâche profondément les paupières. Je les sens devenir agréablement lourdes. Je peux sentir leur contact avec les yeux sur lesquels elles sont posées... Sous les paupières fermées, je dirige le regard vers le ciel. J'évite donc de diriger le regard vers le front ou vers le bas du corps. Cette position exacte du regard (toujours les yeux fermés) *introduit en moi un grand calme...*

Je relâche les sourcils... le front... les tempes... les joues... Je desserre les lèvres et surtout les mâchoires... J'abandonne toute crispation au niveau du visage... Puis pendant quelques instants, je me mets à l'écoute entière de mon visage, à l'écoute des petites modifications que cette détente a pu créer au niveau de la peau ou des muscles du visage : détente, chaleur, picotements (20 secondes).

Je relâche profondément la langue et fais en sorte qu'elle ne touche ni le palais, ni les dents, ni les gencives... En l'immobilisant, j'intensifie la détente mentale...

Je relâche profondément les épaules. Je les laisse tomber de tout leur poids vers le sol... Plus elles se relâchent, plus je sens le cou et la nuque se libérer à leur tour des tensions musculaires... Pendant quelques instants, je me mets à l'écoute des réponses très fines qui viennent de la nuque (15 secondes).

Je relâche les bras, les avant-bras. Je les laisse s'appuyer sur le sol de tout leur poids... Je relâche les poignets, les mains, les doigts. Ce relâchement musculaire facilite la circulation du sang ; je perçois alors des sensations de chaleur et de picotements dans les mains et au bout des doigts (15 secondes).

Je relâche profondément toute la musculature du dos. J'abandonne mon dos à la pesanteur... (15 secondes). *Grâce à sa détente, je sens maintenant le thorax et le ventre se libérer des contraintes musculaires... J'observe le mouvement calme et libre de ma respiration* (15 secondes).

---

11. Tout ce qui est entre parenthèses ne doit pas être enregistré ; les durées indiquées correspondent à des « blancs » que vous devez laisser sur votre bande magnétique.

Je relâche le bas-ventre, le périnée, la région anale, les hanches...

Je relâche les cuisses, les genoux, les mollets, les chevilles, les pieds. Je laisse aller mes jambes... Je me mets à l'écoute de leur vie interne (15 secondes).

Je prends maintenant conscience de toutes les sensations corporelles, de la tête jusqu'aux pieds (15 secondes).

Puis, je concentre mon attention sur la respiration et plus précisément sur les expirations. Pour faciliter cette concentration, je peux observer intérieurement le mouvement du thorax, des côtes. Chaque fois que j'expire, j'ai la sensation de descendre un peu plus en moi-même ; comme si chaque expiration me faisait descendre d'un palier supplémentaire vers une région de moi-même, calme et paisible (30 secondes).

A chaque expiration je me sens un peu plus détendu, un peu plus calme (30 secondes). *Je me rapproche de cette partie de moi-même sereine et tranquille* (30 secondes). *Je retrouve des sensations semblables à celles que je vis lorsque je vais m'endormir mais ici je ne m'endors pas car je reste conscient des sensations corporelles* (30 secondes). *Je suis maintenant tout au bord du sommeil... Je savoure le calme et la paix qui sont en moi... Je demeure en contact avec ces sensations très positives* (de 1 à 5 minutes).

Lorsque je désire revenir vers mon niveau de conscience habituel, je respire plus lentement, plus profondément deux ou trois fois... Puis je remue doucement les doigts, les orteils, la langue, le visage... Je bouge la tête, les bras, les jambes... Et puis spontanément, les yeux toujours fermés, je laisse mon corps se réveiller spontanément comme après une excellente nuit...

Je me sens dynamisé et en même temps profondément calme... J'ouvre les yeux lorsque mes muscles sont bien réveillés. Je les ouvre doucement afin de retrouver progressivement la luminosité extérieure. Je suis en pleine forme.

C. Variante : la visualisation des sept couleurs

La partie « détente mentale » de cette séance peut être remplacée par une **visualisation des sept couleurs.** Au lieu de se concentrer sur les expirations, on visualise tour à tour pendant une quinzaine de secondes chacune, les couleurs rouge, orange, jaune, verte, bleu, indigo, violet.

Lorsque l'on ne dispose que de deux ou trois minutes, on peut très bien faire cet exercice sans le préalable de la relaxation musculaire. Si vous effectuez cet exercice, vous devez vous désophroniser (réveil du corps et de la conscience) en visualisant de nouveau les sept couleurs mais, bien sûr, en partant du violet. Après avoir visualisé le rouge, on ouvre les yeux en prenant conscience du sentiment d'harmonie qui nous habite. On s'étire alors, si on en ressent le besoin.

CHAPITRE III

Le pouvoir de la suggestion

« A travers toute l'histoire de la médecine, la cause principale de guérison a probablement été l'espoir du patient et sa foi dans les pouvoirs du médecin. »

D. Jaffe

1. La suggestion est omniprésente

Précisons d'emblée que la sophrologie n'est pas une thérapie par la suggestion. Quels que soient les effets positifs d'une autosuggestion, celle-ci ne peut être qu'un complément à un travail de restructuration. Mais il nous faut reconnaître que la suggestion (qui est en fait une autosuggestion) est partout présente. *« Elle était,* observe Bernheim, *dans les procédés occultes de la thaumaturgie ancienne, dans les incantations, les prières, les formules sacramentelles, les cérémonies religieuses, les songes provoqués dans les temples d'Épidaure ; elle était dans les superstitions du christianisme, les reliques, les tombeaux des martyrs ; elle est encore dans les pèlerinages ; elle était dans les amulettes de Paracelse, dans les talismans, dans les aimants, dans les attouchements de nos rois ; elle était dans les pratiques variées et grossières du magnétisme animal, elle était même dans les manipulations hypnotiques... Le dogme du diable et de la possession, la croyance et la sorcellerie, les pratiques de l'exorcisme créent des suggestions terrifiantes qui font des hallucinés et des convulsionnaires ; et cette hystérie démoniaque se propage par imitation* (1). »

A cette longue citation, il faudrait ajouter que la suggestion est dans le prestige (par exemple d'un médecin), dans les mots mystérieux (exemple : les noms compliqués des médicaments) ; elle est dans l'assurance ou la détermination d'un homme, dans l'amitié, dans l'amour (ne dit-on pas que l'amour est aveugle). Elle est partout où notre sens objectif est endormi. Bien souvent cette force œuvre en nous inconsciemment, parfois pour notre bonheur mais parfois aussi pour notre malheur. Pour cela, il vaut mieux savoir la contrôler. Une petite histoire vraie va nous montrer jusqu'où peut aller une autosuggestion négative.

A la fin des années 50, dans une gare écossaise, un employé aperçoit que la porte d'un wagon frigorifique est ouverte. Avant de la fermer, il entre dans la chambre froide afin de vérifier que personne ne s'y trouve. C'est à ce moment-là que la porte se referme. Que se passe-t-il alors dans la tête de cet homme ? Il doit tout d'abord se dire que lorsque le wagon passera à la hauteur de la gare, il frappera de toutes ses forces contre la porte. Il y aura bien quelqu'un pour entendre son appel. Malheureusement personne n'entendra ses coups et ses cris. Le voilà enfermé encore pour de longues heures dans cette chambre froide. Que pensez-vous qu'il est advenu de cet homme ? Il est mort de froid, bien entendu. On ne peut que mourir de froid dans une chambre froide. A la fin du week-end, on retrouva cet homme frigorifié. Mais dans son angoisse, il prit le temps d'écrire sur un papier tous les stades par lesquels il passa avant de mourir. Les médecins qui ont lu ses notes ont reconnu qu'il était bel et bien mort de froid. Jusque-là, me direz-vous, rien d'extraordinaire. Ce que personne n'a compris, c'est pourquoi cet homme était mort frigorifié *alors que le système électrique ne fonctionnait pas,* c'est-à-dire que la température interne de ce wagon était tout à fait vivable. Que s'est-il passé ? Notre homme ne s'est pas un seul instant demandé s'il faisait vraiment froid. Il se savait enfermé dans une chambre froide ; il ne pouvait donc que mourir de froid. Imagination et suggestion se sont alliées pour le tuer. Ce fait n'est pas isolé ; une histoire semblable s'est déroulée aux États-Unis.

---

1. Bernheim : *De la suggestion* (Retz, C.E.P.L.).

A la suite de cette histoire, Louis Lourmais (2) a fait le raisonnement suivant : si un homme peut mourir de froid en s'imaginant avoir froid, on doit pouvoir tout au contraire créer de la chaleur à volonté. Louis Lourmais s'est alors entraîné personnellement, utilisant des méthodes proches de la suggestion positive. Pour quoi faire ? Pour mener à bien différents exploits dont le plus incroyable est cette nage de 350 kilomètres dans le Saint-Laurent gelé, 350 kilomètres durant lesquels il s'imaginait en train de nager dans les eaux claires d'une petite île du Pacifique. Cet exploit n'est sans doute pas à la portée de tous, mais il montre que nous possédons de puissants leviers en la suggestion et l'imagerie positive. Il nous appartient de les utiliser pour repousser nos limites, lever nos inhibitions et effacer nos peurs. Nous sommes infiniment plus fort que nous le croyons. Ne doutons pas de cette force afin qu'elle s'exprime librement. P.-C. Jagot nous dit que « *se croire capable facilite en toute chose le succès tandis que la conviction inverse altère considérablement l'exercice des moyens que l'on peut avoir* (3) ».

2. L'effet placebo : la volonté de guérir

Un placebo est un médicament inerte (4) sans aucune action pharmacologique mais ayant un effet psychique important qui lui confère en définitive sa force thérapeutique. L'effet placebo, lui, est la part de guérison qui, dans un traitement, revient à la suggestion ou au réflexe conditionné. Cet effet prend directement sa source dans l'espoir de guérison du patient et dans sa foi envers le médecin et la médecine. Il est donc d'origine autosuggestive mais peut aussi, dans certains cas, être expliqué par la notion de réflexe conditionné. Il est donc très difficile de dégager dans l'effet placebo la part d'action qui revient à la suggestion et celle qui revient au réflexe conditionné. A moins de penser comme Bernheim que tout est suggestion, il nous faut reconnaître la complexité de l'effet placebo. Cette complexité est à l'origine des difficultés que

2. Louis Lourmais : *La Mer à bras le corps* (Arthaud).
3. Paul-C. Jagot : *Le Pouvoir de la volonté* (Éditions Dangles).
4. Exemple : eau colorée, sucre, lactose...

rencontrent les chercheurs qui analysent ses mécanismes. Le facteur affectif — par exemple — intervient beaucoup dans la suggestion. Les émotifs sont des sujets hautement hypnotisables alors que les intellectuels purs résistent très bien à la suggestion hypnotique.

Plus un patient investit de sa foi et de son énergie dans un traitement médical, plus il augmente ses chances de guérison. Le placebo (ou le vrai médicament) devient la cristallisation de sa volonté de guérir. Chaque fois qu'il absorbe ce placebo ou ce médicament, il émet — consciemment ou non — des pensées positives à son égard. Le médicament se trouve investi de son désir de guérir. Sans en être conscient, le patient s'autosuggestionne et devient le véritable artisan de sa guérison.

Pour que ce transfert d'énergie fonctionne pleinement, il importe au médecin d'avoir une **attitude positive.** Sa façon de parler est primordiale. Si sa voix est assurée, elle transmet au malade cette assurance. Au contraire, un manque d'assurance, voire du pessimisme ou des doutes, influencent négativement le psychisme du patient. Inconsciemment ou non, ce dernier intercepte ces messages négatifs qui influent quasi simultanément sur l'état de sa maladie. « *Accepter l'autorité du médecin,* précise René Dubos, *favorise probablement l'action de ce qu'Osler appelait guérison par la foi qui aboutit à l'autoguérison* (5). »

Pour Barbara Brown, spécialiste du biofeed-back, « *l'homme ordinaire a toujours été plus pragmatique que les savants réfugiés dans leur tour d'ivoire... il sait que sa confiance dans le médicament a un effet bénéfique sur sa santé... il a toujours été convaincu de l'existence du psychisme et de son rôle dans le bien-être physique et mental* (6) ». Bien avant elle, Émile Coué écrivait : « *Qu'un médecin, après avoir examiné son malade, rédige une ordonnance et la lui donne sans aucun commentaire, les médicaments prescrits auront peu de chance de réussir ; mais qu'il explique à son client que tel ou tel médicament devra être pris dans telle ou telle condition et produira tel ou tel effet, presque infailliblement les résultats annoncés seront obtenus* (7). »

---

5. Norman Cousins : *La Volonté de guérir* (Le Seuil).
6. Barbara Brown : *Stress et biofeed-back* (l'Étincelle).
7. Émile Coué : *Œuvres complètes* (Astra).

On estime à 35 % le nombre de guérisons obtenues grâce au seul effet placebo dans tout traitement quel qu'il soit. A ces 35 % s'ajoute le pourcentage de guérisons réellement obtenues par le traitement. Pour certaines maladies, le pourcentage de guérison ou d'amélioration grâce à un placebo atteint 80 % (hypertension, asthme, rhume des foins, insomnie, céphalées, affections digestives). Il est de 50 à 60 % pour les douleurs et les affections rhumatologiques. En chirurgie on estime à 37 % le pourcentage de réussite uniquement imputable à l'effet placebo. De fausses opérations d'angor (on faisait croire aux malades qu'ils avaient été opérés) ont donné d'excellents résultats. C'est ici la suggestion qui explique cette réussite. Il faut donc, pour qu'un traitement médical soit reconnu efficace, que le pourcentage de guérison soit supérieur à 35 %, sinon son action peut être due à l'effet placebo.

3. Historique de la suggestion

Il est intéressant d'observer comment depuis deux siècles des hommes ont utilisé la suggestion à des fins thérapeutiques. Bien que certains chercheurs aient refusé de reconnaître l'influence déterminante de la suggestion dans leur pratique, celle-ci n'en est pas moins présente. Qu'il s'agisse de magnétisme animal, de pratiques magiques ou de rituels mystérieux, la suggestion est omniprésente. « *La guérison,* dit Bagriana Belanger, *dépendait de la suggestibilité du patient, du pouvoir de guérison de celui-ci qui pratiquait la magie, enfin de leur relation réciproque. Le pouvoir psychologique du sorcier demeure un facteur décisif* (8). »

a) Le XVIIIe siècle : le mesmérisme

C'est avec Mesmer (1734-1815) que commence l'ère moderne de la médecine suggestive. Ce médecin viennois postulait l'existence d'un fluide spécial qu'il nomma *magnétisme animal.* Il reliait des malades autour d'un baquet dans lequel se trouvaient des bouteilles remplies d'eau et de métaux. De ces bouteilles sor-

8. Bagriana Belanger : *La Suggestologie* (Retz).

taient des tiges que les malades tenaient. La rencontre du courant magnétique issu du baquet associé à celui du magnétiseur provoquait d'étranges réactions : pleurs, cris, hystéries, évanouissements, sommeil, convulsions, hallucinations... Mesmer put ainsi guérir de nombreuses maladies nerveuses. Il attribuait les guérisons au passage d'un courant magnétique curatif dans l'organisme. Plus tard, il reconnut que la seule imposition des mains pouvait suffire. Une commission d'enquête nommée par Louis XVI souligna l'importance de l'imagination (9) dans les guérisons dues au magnétisme.

Bien que cette commission ait nié toute action thérapeutique réelle, Mesmer reste néanmoins un pionnier dans bien des domaines. Sans doute possédait-il un don de guérison, ce qui explique qu'il en soit venu à soigner par imposition des mains. Il découvrit que le corps est parcouru par une énergie subtile. L'acupuncture, thérapeutique fort ancienne, a pour but de régulariser des courants d'énergie perturbés. La thérapie bioénergétique cherche à dénouer les tensions musculaires qui bloquent l'énergie et font obstacle au parfait épanouissement émotionnel de l'individu. Le XXIe siècle verra sans doute naître de nombreuses autres découvertes dans le domaine énergétique. Des expériences parapsychologiques ont déjà montré que des individus étaient capables de modifier à distance la forme d'un objet. Enfin et surtout, la théorie des quantas nous apprend que la pensée d'un observateur lors d'une expérience sur les électrons influence le résultat de cette expérience.

Mesmer a donc été un des premiers chercheurs à reconnaître l'existence de l'énergie vitale. Qu'il ait ou non découvert la possibilité de la contrôler est secondaire. Bien sûr, l'atmosphère qu'il créait lors de ses séances thérapeutiques, le décor impressionnant (pénombre, miroirs, musique douce, parfums...) étaient autant d'éléments suggestifs qui renforçaient son pouvoir réel. De plus, le magnétisme qui se dégageait de lui devait être un puissant canalisateur.

Il a eu le mérite de faire découvrir au monde l'existence d'une énergie subtile capable d'être contrôlée. Il a, malgré lui, suscité des travaux sur le phénomène de la suggestion. Il a enfin été l'un

9. Cette conclusion est intéressante puisque, effectivement, l'imagination contrôlée et positive est notre plus grand pouvoir.

des premiers à faire de la dynamique de groupe dont on connaît maintenant tout l'intérêt en thérapie.

Un élève de Mesmer, le marquis de Puységur, obtenait chez ses patients un sommeil calme et curateur grâce à des pratiques proches de la future hypnose. Il leur suggérait alors que leurs troubles auraient disparu au sortir de la séance. Il observa que certains patients — durant ce sommeil — avaient le pouvoir de deviner leur propre maladie ou celle d'une autre personne. Il est ainsi le précurseur lointain des parapsychologues modernes. De nos jours, il existe d'ailleurs des séminaires de relaxation et d'imagination créatrice qui apprennent aux participants à développer ce pouvoir de divination. Contrairement à ce que l'on pourrait croire, ce pouvoir est assez facile à développer.

b) Le XIXe siècle

Au début de ce siècle, l'abbé Faria remit en question la théorie du fluide magnétique exposée par Mesmer. Il lui substitua celle d'influence de l'esprit. Il endormait ses patients en leur ordonnant tout simplement de dormir. Mais le fait de regarder fixement les yeux de ses patients explique en grande partie ses succès en tant qu'hypnotiseur.

C'est James Braid (1795-1860) qui donna le nom d'hypnose aux phénomènes de sommeil provoqué. Il constata qu'en fixant un point lumineux on tombait dans un sommeil spécial (10). Il observa dans cet état la possibilité de suggestionner l'individu et d'anesthésier, si besoin, une partie de son corps. Le sommeil hypnotique était provoqué par la fixité du regard et la concentration intense sur un point.

c) L'École de Nancy

Le docteur Liébeault (1823-1904) étudia le sommeil provoqué par suggestion. Bien que regardant fixement ses patients pour les endormir, il reconnut que la suggestion suffisait pour obtenir ce sommeil. Il utilisait comme suggestions la lourdeur des paupières,

---

10. Sommeil braidique ou hypnotique.

la sensation de détente ou de somnolence. Il parlait doucement afin d'induire la détente. Il constata que pendant le sommeil hypnotique la suggestibilité était plus grande.

C'est grâce à Hippolyte Bernheim (1840-1919) que les travaux de Liébeault furent dévoilés au corps médical. Néanmoins Bernheim se démarqua un peu de Liébeault affirmant qu'une suggestion faite en état de veille normal pouvait se révéler tout aussi efficace qu'une suggestion sous sommeil hypnotique. Il considérait ce phénomène comme une propriété physiologique du cerveau pouvant être actionné à l'état de veille. Il dégagea de ses recherches la loi d'idéo-dynamisme selon laquelle une idée suggérée tend à devenir un acte. L'idée (c'est-à-dire la pensée suggérée) peut devenir :

— **Mouvement** - Exemple : à l'écoute d'une musique que nous aimons, notre corps se met spontanément en mouvement (si des considérations sociales ne nous inhibent pas).

— **Sensation** - Exemple : en évoquant l'image du citron, nos papilles gustatives réagissent comme si nous avions cette acidité dans la bouche.

— **Émotion** - Exemple : un film de fiction nous fait passer dans des états de joie ou de tristesse alors qu'il ne s'agit que d'un jeu d'acteurs.

— **Organicité** - Exemple : l'effet placebo. Un médicament sans aucune valeur curative supprime un trouble grâce à l'espoir et la foi que le patient investit dans ce produit qu'il croit actif.

Ajoutons que l'idée peut aussi développer une fonction latente. Rhine, aux États-Unis, a prouvé que la suggestion positive améliorait les résultats d'une expérience parapsychologique (voyance...). La suggestion agit ici comme agent libérateur et désinhibiteur. Elle forge une nouvelle image de soi qui réveille les possibilités latentes de l'individu.

Contemporain de Liébeault, Charcot niait la possibilité de guérir par suggestion. Il affirmait même qu'hypnose et suggestion n'étaient réalisables que chez des sujets hystériques. L'hypnose n'était d'ailleurs pour lui qu'une hystérie provoquée. Tout en reconnaissant la valeur de ce célèbre neurologue, il nous faut souligner le non-fondé de ses théories sur l'hypnose.

Un de ses élèves, Babinski, finit d'ailleurs par reconnaître que la suggestion est bien à l'origine de l'état hypnoïde. Il comprit aussi la lourde responsabilité du médecin-hypnologue dans le déclenchement des hystéries dites hypnotiques.

Relevons — parmi les élèves de Charcot et de Bernheim — le nom de Freud. Il pratiqua l'hypnose avant d'utiliser la seule suggestion à l'état de veille. Puis, il définit les lignes d'une nouvelle psychothérapie : la psychanalyse. Notons qu'en psychanalyse, le lien qui unit l'analyste à son patient est un élément nécessaire à la réussite de la cure. Or, ce lien est, par essence, de nature suggestive.

d) Le XXe siècle

Au début de notre siècle, l'hypnose va quelque peu tomber dans l'oubli. En revanche, la science de la suggestion continue de faire des émules.

Coué (1857-1926) guérissait les gens grâce à des suggestions directes en état de veille. Sa formule préférée est un merveilleux exemple de concision et de simplicité : « *Tous les jours, à tous points de vue, je vais de mieux en mieux.* » Une telle phrase répétée au lever et au coucher ne peut que produire des effets positifs. Coué souligna l'importance du facteur imagination dans la poursuite et l'atteinte d'un objectif : « *Quand la volonté et l'imagination sont en lutte,* disait-il, *c'est toujours l'imagination qui l'emporte, sans aucune exception* » (souvenez-vous de l'histoire de cet employé écossais...). Sa méthode consiste à répéter verbalement, matin et soir, la phrase énoncée plus haut. Il conseillait de la dire machinalement et sans effort, « *sur le ton employé pour réciter des litanies* ». Nous retrouvons ici l'importance de la monotonie qui, mettant le cerveau au repos, le rend perméable aux suggestions.

Il découvrit la loi de l'effort converti : « *Chaque fois qu'il y a conflit entre l'imagination et la volonté, c'est toujours l'imagination qui l'emporte et, dans ce cas, non seulement nous ne faisons pas ce que nous voulons, mais nous faisons précisément le contraire de ce que nous voulons, et plus nous faisons d'efforts volontaires, plus nous faisons le contraire de ce que nous voulons.* » L'exemple célèbre choisi par Pascal illustre bien cette loi. Si l'on pose sur le sol une planche de 25 centimètres de large, tout le monde est capable de la parcourir de long en large. Mais si cette même planche est maintenue, solidement ancrée, à 50 mètres au-dessus du sol, il sera impossible à la plupart des gens de la parcourir. Et plus on s'efforcera de vouloir la parcourir, plus on aura peur et on s'en sentira incapable.

Émile Coué considérait la suggestion comme une nourriture morale tout autant indispensable — sinon plus — que la nourriture matérielle. Il demeure avec Bernheim un des grands précurseurs des méthodes de relaxations actuelles.

Contemporain d'Émile Coué, Roger Vittoz (1863-1925), médecin suisse, officiait à Lausanne. Contrairement à lui, il utilisait très peu la suggestion. Jugeant par ailleurs l'hypnose trop négative, il emprunta une voie de recherche différente. Il basa sa méthode sur le contrôle cérébral, contrôle susceptible d'accomplir *« l'unité de la personne, en elle-même, dans l'espace (ici) et le temps (maintenant). Il est l'hygiène mentale par excellence* (11) ».

Sa démarche est intéressante pour nous car il est un des tous premiers à exposer une méthode de relaxation. Il eut le génie de retrouver les bases du hatha-yoga qui seront aussi celles de la sophrologie, soixante années plus tard.

L'originalité de la thérapie vittozienne est le contrôle de l'état mental du patient. Vittoz prétendait percevoir les ondes cérébrales révélatrices de troubles mentaux ou psychiques en posant sa main sur le front d'une personne. Cette méthode s'adresse à tous les nerveux, déprimés, angoissés qui — on le sait — sont légion de nos jours.

La base de son traitement consiste à rééduquer la réceptivité sensorielle et la concentration grâce à des exercices appropriés. Vittoz avait en effet compris toute l'importance de la perception sensorielle pure dans le rétablissement de l'équilibre psychologique. « *Il faut savoir,* disait-il, *trouver la détente dans la réceptivité des choses extérieures... Le premier effet de la réceptivité est la détente cérébrale qui entraîne la détente musculaire, car elle neutralise la tension nerveuse* (12). »

Il enseignait une technique de relaxation proche de celle que Jacobson élaborera quelque temps plus tard (tension-

---

11. Bron-Velay : *Pratique de la méthode Vittoz* (Éditions du Levain).
12. Voir : *Le Docteur Vittoz et l'angoisse moderne* (Éditions du Levain).

relâchement). Pour développer le pouvoir de concentration, il proposait des exercices mentaux : *faire des dessins en pensée...*

L'autre originalité de sa méthode est d'insister sur la façon de se comporter dans la vie quotidienne afin d'approfondir la réceptivité au travail ou à la maison. On essaie par exemple, quand on marche, de sentir le contact du pied avec le sol, puis les sensations articulaires provenant des genoux, des hanches, du tronc, des bras et de la tête. Enfin, on prend conscience du mouvement global de son corps.

Premier relaxologue des temps modernes, Vittoz a su dégager les principes élémentaires de la relaxothérapie.

C'est également au tout début de ce siècle — vers 1910 — que Schultz pose les premières bases de ce qui deviendra plus tard le training autogène. Lui aussi abandonne l'hypnose. Les travaux de Vogt (fin du XIXe siècle) l'éclairent sur la possibilité de se relaxer et de s'autohypnotiser par soi-même, sans aide extérieure. Il comprend vite que la décontraction musculaire est autre chose qu'un simple phénomène accompagnant l'hypnose. Il constate qu'une décontraction minutieuse amène la même déconnexion que l'hypnose. Il définit ainsi les conditions essentielles à une induction autohypnotique :

— L'accord du patient sans lequel toute action thérapeutique est impossible.

— Une attitude corporelle capable de favoriser l'autohypnose.

— Un affaiblissement des stimulations extérieures. Ce « *retrait du dedans* » est obtenu par la fermeture des yeux et la concentration intérieure.

— Une monotonie dans les champs sensoriels. Le moniteur parle d'une voix calme, douce, monotone favorable à l'obtention d'une profonde relaxation.

— Une concentration intérieure (recueillement) qui met le patient en contact avec ses sensations internes.

Quand Schultz décrit sa méthode, il exclut toute action suggestive, voulant ainsi se démarquer nettement de l'hypnose. Mais en fait, l'observation attentive de sa méthode prouve exactement le contraire. Le patient commence en effet la séance par la visualisation intérieure de la phrase suivante : « *Je suis tout à fait calme.* » Or, comme le font justement remarquer P. Geissmann et Durand de Bousingen, cette formule « *nous introduit d'emblée dans une atmosphère de suggestion, puisqu'il s'agit essentiellement... d'une concentration idéative sur un état qui n'existe pas à ce moment précis* ». Ces auteurs se demandent d'ailleurs « *s'il existe une technique psychothérapique parfaitement indemne d'action suggestive et même si la chose est souhaitable* (13) ».

Au fur et à mesure de l'entraînement autogène, le patient est invité à faire l'**expérience de la pesanteur** (on prononce intérieurement certaines phrases suggestives : « *Mon bras est tout lourd* », « *Tout mon corps est lourd* », etc.) ; l'**expérience de la chaleur** (« *Mon bras est tout chaud* »...). Il travaille ensuite sur la **régularisation de sa fonction cardiaque** *(« Mon cœur bat calme et fort »)* et de sa **fonction respiratoire** *(« Je suis toute respiration »)*. Puis il détend son **plexus solaire** *(« Mon plexus solaire est tout chaud »)* et sa **tête** *(« Mon front est agréablement frais »)*.

Ce premier degré du training autogène peut exiger de six mois à un an de pratique avant d'être maîtrisé. Le deuxième degré, proche des techniques psychothérapiques, est en fait une analyse psychologique. Le patient apprend à découvrir sa couleur personnelle mais aussi à visualiser toutes les couleurs du spectre. Il s'initie à la visualisation d'objets concrets et d'objets abstraits (justice, bonheur). Puis, aidé par les questions de son moniteur, il réfléchit sur sa condition présente. A ce stade de l'entraînement, tout ce qui est verbalisé est, bien entendu, analysé par le médecin ; celui-ci s'efforce de dégager tout le contenu analytique des réponses et du vécu de son patient.

A la fin de ce travail, le patient établit une formule (dont il faut souligner le caractère hautement suggestif) qui doit synthétiser la personnalité qu'il veut devenir. Exemple : « *Je veux vivre en harmonie intérieure* », « *Je suis libre* »... P. Geissmann considère ces formules comme un « *soutien psychothérapique ayant pour but d'aider le patient dans ses efforts à résoudre avec succès certains problèmes psychiques ou psychophysiologiques* (14) ». On distingue les formules de neutralisation (exemple : « *L'alcool*

---

13. P. Geissmann et Durand de Bousingen : *Le Training autogène de Schultz* (P.U.F.).
14. *Op. cit.*

m'est indifférent »), les formules de renforcement permettant d'oublier ou d'effacer une tendance négative (exemple : « *A présent je suis fatigué, et j'ai sommeil* » pour traiter l'insomnie), les formules d'abstinence (exemple : « *Je sais que j'évite de fumer* »). Grâce à ces différentes formules, on est en mesure de combattre un sentiment d'insécurité, l'anxiété ou d'autres troubles psycho-nerveux.

Enseigné correctement et surtout pratiqué régulièrement, le training autogène de Schultz entraîne de nettes améliorations, voire des guérisons complètes dans les cas d'hypertension artérielle, d'infarctus, de troubles respiratoires, d'hyperthyroïdie, de diabète, d'ulcères, de constipation (très efficace), de troubles sexuels. Il est tout indiqué aux personnes souffrant de céphalées, de bégaiement, d'insomnie ou atteintes de névroses, d'angoisse...

Schultz a su dégager les points essentiels de toute relaxation psychosomatique : l'**action suggestive** (même si elle est niée), la **concentration mentale** (sans laquelle aucun traitement psychophysique n'est possible), la **passivité** (loi de l'effort converti), l'**intériorisation** (perceptions des sensations corporelles). Le training autogène a servi et sert encore de références à de nombreuses autres méthodes de relaxation. Caycedo y a d'ailleurs puisé de nombreux éléments lors de la création de la sophrologie. C'est pour cette raison que nous nous sommes étendu un peu plus longuement sur cette méthode.

e) Lozanov et la suggestologie

C'est en 1926, en Bulgarie, que naît Georgui Lozanov. Dès l'âge de 14 ans, ce futur psychiatre se découvre des talents d'hypnotiseur. Il devient médecin en 1950 pour ensuite s'orienter très vite vers la psychiatrie. Il étudie durant ces années-là les états seconds de la conscience : l'hypnose, la voyance, les états yogiques... et il commence à utiliser la suggestion en tant que moyen thérapeutique. Durant les années 60, il s'intéresse tout particulièrement au problème de la mémoire et de la mémorisation, ce qui l'amène à travailler avec des étudiants. Lors de ses expériences, il utilise largement les suggestions positives.

En 1967, il part en Inde observer les phénomènes yogiques et s'initier à de nombreuses techniques du hatha-yoga. C'est aussi vers cette époque que sont créées les premières classes de suggestopédie. Durant les années 70, suggestopédie et suggestologie dépassent largement les frontières de la Bulgarie. Ces méthodes sont diffusées en Amérique du Nord et du Sud.

Le docteur Lozanov affirme que la suggestion éveille des transformations positives chez la plupart des humains. Il soigne ainsi par suggestion pure des diabétiques, des allergiques, des insomniaques ou des personnes atteintes de troubles sexuels. La suggestion est pour lui le dénominateur commun à toutes les formes de psychothérapies.

Lozanov a minutieusement travaillé sur le problème de la suggestion et a eu l'honnêteté de ne pas la déguiser sous un autre nom. Sa vision de l'homme rejoint celle de Caycedo : « *La suggestologie,* dit-il, *a comme objet l'investigation de la personnalité humaine dans toute sa richesse et toute sa diversité* (15). » Elle a pour but l'éveil ou la dynamisation des réserves potentielles de l'individu ainsi que la transformation positive de sa personnalité. Chaque être humain possède en lui les matériaux nécessaires à sa propre restructuration. Pour mener à bien ce travail, il faut détruire les autosuggestions négatives. Il rejoint Coué qui déjà, au début du siècle, disait : « *Remplacez vos autosuggestions inconscientes négatives par des suggestions conscientes positives.* » Il faut aussi briser les barrières qui empêchent toute guérison en reprenant confiance en soi et en l'humain.

Pour Lozanov, la suggestion est partout présente dans notre vie quotidienne. Elle est dans l'autorité et le prestige, dans l'intonation de la voix et dans le rythme, dans la foi, dans le comportement. Les publicistes, les hommes politiques, les commerciaux savent utiliser à leur profit les principes importants de la suggestion.

Il faut donc la reconnaître et la comprendre afin d'être plus libre de ses pensées et de ses actes.

*

* *

15. *Op. cit.*

PARTIE PRATIQUE N° 2

A. La sophro-respiration synchronique

La sophro-respiration synchronique est un exercice très simple qui s'apparente à la technique du *mantra*. Étant bien relaxé, il s'agit de laisser venir un premier mot, agréable et positif, que l'on place sur l'expir, puis un second que l'on place sur l'inspir. Ces mots sont répétés mentalement une fois à chaque inspiration ou expiration.

Cet exercice apporte deux choses bien distinctes. Tout d'abord, il accroît le pouvoir de concentration. On est à la fois concentré sur la respiration et sur les mots à répéter. Cette double intériorisation empêche plus efficacement le retour des pensées génératrices de tension. Il produit donc un grand calme intérieur. Ce calme est renforcé si les mots choisis évoquent un sentiment de paix ou de sérénité car, ne l'oublions pas, les mots sont chargés d'un pouvoir suggestif. En choisissant des mots très agréables, on réalise une déconnexion d'avec le négatif et l'on s'imprègne de toute la charge positive qu'ils contiennent.

Cet exercice va ensuite créer un lien entre les mots choisis et la détente mentale dans laquelle on se trouve lorsqu'on les répète. Ce réflexe ne va se créer que progressivement. Il faut donc — dans un premier temps — conserver les mêmes mots et pratiquer cet exercice quotidiennement durant plusieurs semaines. Au bout de ce laps de temps, il suffira de fermer les yeux et de répéter intérieurement ces deux mots pour voir se recréer en soi une profonde détente mentale ; il y a donc création d'un réflexe conditionné. Lorsque — par exemple — vous apercevez un feu rouge à une intersection, votre pied droit appuie immédiatement sur la pédale de frein. Feu rouge = danger = s'arrêter = freiner. Si vous pratiquez sérieusement la sophro-respiration synchronique, un réflexe du même genre se produira. Les mots = détente mentale. Mais pour que ce processus se déroule normalement, il faut attendre d'être bien relaxé avant de commencer à répéter ces mots.

Vous pouvez choisir des mots qui expriment une sensation, un sentiment (joie, paix, calme, bien-être, détente...) ou tout simplement des mots d'objets concrets (nuage, fleur, rivière, soleil...). Laissez libre cours à votre imagination.

B. Puissance de l'affirmation positive

Vous pouvez également choisir une phrase synthétisant un comportement ou une qualité que vous désirez acquérir, par exemple : « *Je suis calme* » ; « *Je suis maître de moi* » ; « *Je suis plein d'énergie* » ; « *Je suis en harmonie avec moi-même et avec les autres.* » Shakti Gawain conseille l'affirmation suivante : « *Je suis merveilleux.* » Elle considère que les affirmations positives sont un des moyens les plus efficaces pour se libérer de ses problèmes personnels et pour repousser ses limites.

Il ne s'agit nullement, par un tel travail intérieur, de se surévaluer ou de gonfler son ego mais de se fortifier dans l'idée que son Moi profond — celui dont parlent toutes les traditions spirituelles — est parfait et illimité. Par une pratique régulière de cet exercice, le Moi profond finit par émerger et imprégner la personnalité de surface.

L'expérience prouve qu'en répétant quotidiennement une telle affirmation, on parvient à détacher de soi toutes les images ou pensées négatives du genre : « *Je ne suis bon à rien* » ; « *Je suis incapable d'être heureux* » ; « *J'ai toujours été malchanceux* » ; « *Il est trop tard pour changer* » ; « *Je n'ai aucune valeur* ». Il est maintenant prouvé qu'en s'imprégnant — consciemment ou non — de ce genre de pensées négatives, on ne peut que renforcer ses points faibles et s'orienter vers l'échec.

Il faut aussi savoir que, quelles que soient les erreurs que l'on a faites, les échecs que l'on a subis et les défauts que l'on a acquis, notre Moi profond n'a pas été touché. Il faut donc éviter à tout prix de s'identifier aux expériences négatives. Elles n'atteindront jamais notre vraie personnalité ; notre propre valeur n'est absolument pas remise en cause. C'est au contraire en s'acceptant et, mieux encore, en s'aimant intensément que l'on arrive à renouer avec le bonheur et le succès. L'autodénigrement et la haine de soi n'ont jamais résolu de problèmes. En s'aimant soi-même, on développe une formidable énergie qui nous propulse vers la joie et l'accomplissement. On découvre alors en soi une plus grande capacité d'amour.

« *Je suis merveilleux* » est une des plus puissantes affirmations qui soit. Elle est capable de lever de nombreux blocages et inhibitions psychologiques. Elle crée une vibration positive qui dynamise l'individu dans sa totalité.

Mais certaines personnes ont parfois du mal à vivre une affirmation si intense, difficulté qui est généralement le signe d'une image négative de soi et d'une tendance à se dévaluer. En persévérant, dans la voie positive, elles découvrent que ce qu'elles croyaient être leur vraie personnalité n'était que le résultat d'expériences malheureuses et de conditionnements culturels, familiaux ou sociaux. De plus, l'amour de soi, loin d'être un acte égoïste, nous ouvre sur les autres et le monde. Bien au contraire, l'individu qui se dénigre ou qui se dévalue se referme sur lui-même et, pire, aperçoit ses semblables au travers de son esprit négatif.

L'efficacité d'une affirmation positive — comme de toute activation intrasophronique — dépend dans une large mesure de l'émotion avec laquelle on la vit. Ce point est capital. Une pensée (ou image) est beaucoup plus forte lorsqu'elle est vécue émotionnellement. Mettez, dans ce travail intérieur, de l'enthousiasme, de la joie, de l'amour. Vivez-le avec tout votre être y compris votre corps. Ressentez fortement ce que c'est, par exemple, d'être merveilleux ou d'être maître de soi...

Ayez une foi inébranlable en vous-même et envers ce travail intérieur. Croyez en son efficacité. Croyez vraiment en la possibilité de vous épanouir et de vous transformer. La foi, dit-on, peut déplacer les montagnes. Elle est, c'est vrai, un formidable canalisateur d'énergie que chacun peut orienter dans le but d'atteindre le bonheur. Utilisez-la durant vos séances de sophrologie et dans votre vie quotidienne.

Songez, d'autre part, à formuler positivement votre affirmation. Ne dites pas : « *Je ne suis plus tendu* », mais dites plutôt : « *Je suis détendu.* » Évitez les expressions « *ne pas* » et « *ne plus* » ; elles ont une connotation négative. Évitez également de parler au futur : « *Je vais être calme.* » Parlez au présent : « *Je suis calme.* » Car ce que vous recherchez (le calme, la détente, la paix, la joie...) est déjà en vous, mais recouvert par vos problèmes ou vos tensions. L'homme a tout en lui. Le but de la sophrologie est de l'aider à retrouver ce paradis perdu. Il lui faut se dépouiller de tout ce qui entrave la perception de son Moi profond. Il doit ôter ses vieux vêtements, se débarrasser de toute cette poussière qui l'empêche de voir la beauté de son être.

C. La sophronisation en position assise

Vous allez maintenant effectuer la sophronisation en position assise. Choisissez une chaise plutôt qu'un fauteuil, votre corps n'en sera que plus tonique. Si elle est trop ferme, intercalez entre elle et vous une couverture. Installez-vous le plus confortablement possible, quelle que soit la position exacte de votre corps. L'essentiel pour l'instant est que vous soyez à l'aise. Plus tard seulement, vous apprendrez à vous relaxer dans une position physiologique (3e degré).

Les pieds doivent être bien à plat sur le sol. Si ça n'est pas le cas, surélevez le sol avec une couverture pliée ou un coussin pour que vos pieds soient en contact avec quelque chose de dur. Les mains, elles, se posent sur les cuisses.

Certains sophrologues conseillent d'écarter les pieds de la largeur du bassin et de placer les genoux à angle droit. Si cela vous convient, faites-le.

D. Texte à enregistrer

Je m'asseois très confortablement... Je ferme les yeux, doucement... Et je me mets à l'écoute de mon corps... Je sens son contact avec la chaise (5 secondes), *avec le sol* (5 secondes)... *Je sens mon corps qui s'appuie de tout son poids sur la chaise* (5 secondes)...

Je relaxe les paupières... Elles deviennent profondément calmes, posées sur les yeux qui se relaxent.

Je relaxe les sourcils... Le front et tout le cuir chevelu se décrispent... J'étale mentalement les tempes et les joues... Je relaxe la base du nez... Lèvres et mâchoires se desserrent... J'abandonne ainsi toute attitude au niveau du visage... Je redécouvre mon vrai visage, relaxé... J'apprécie pendant quelques instants les moindres sensations qui proviennent de mon visage (20 secondes).

Je dénoue l'intérieur de la gorge... Je relaxe les épaules... Je les laisse aller, comme si subitement elles devenaient beaucoup plus lourdes... (5 secondes). *J'observe la détente qui s'inscrit dans le cou et la nuque... Je savoure cette décompression musculaire de la nuque...* (15 secondes).

Je relaxe maintenant les bras et les avant-bras... Je relaxe les poignets et les mains... J'abandonne tout effort pour mieux goûter les petites sensations qui naissent dans mes mains et mes doigts... (15 secondes).

Je relaxe mon dos... Pour mieux y arriver, je suis la forme de ma colonne vertébrale dans cette position assise, depuis la nuque jusqu'aux lombes (15 secondes).

Grâce à cette détente du dos, ventre et thorax se libèrent de toute tension... La respiration se libère... En observant son mouvement calme et libre, je me sens déjà descendre au bord du sommeil (20 secondes).

Je relaxe le bas-ventre... les muscles du périnée, les fesses... les hanches...

Je relaxe les cuisses et les genoux... les mollets, les chevilles et les pieds... Quelle perception ai-je de mes jambes, ici et maintenant ? (15 secondes).

Je sens maintenant la mise en route de la détente mentale que cette détente corporelle vient d'amorcer...

Je me laisse descendre de plus en plus profondément en moi-même, dans ce niveau de conscience situé entre veille et sommeil... A chaque expir, j'imagine que je descends plus profondément en moi-même (30 secondes)... *Je retrouve à chaque nouvelle expiration cette sensation agréable de descente dans une région de moi-même calme et paisible* (30 secondes)... *Je descends tout au bord du sommeil* (30 secondes)...

Dans ce niveau de conscience, je demeure conscient de toutes les sensations corporelles afin de rester éveillé... (30 secondes). *Je sens aussi le rythme libre et tranquille de la respiration...* (30 secondes).

Je laisse venir maintenant un mot très agréable le plus spontanément possible (ce peut être également une affirmation positive résumant une qualité ou un comportement que je désire acquérir)... *Et je le place sur l'expir, c'est-à-dire qu'à chaque expiration je le prononce intérieurement* (30 secondes). *Je laisse venir un second mot, toujours agréable et positif, et je le place sur l'inspir...* (Si j'ai choisi une affirmation, je ne place pas de mot sur l'inspir.) *Je suis concentré à la fois sur la respiration, sur le rythme inspir-expir, et sur la prononciation intérieure de ces deux mots... (ou de mon affirmation)...* (3 à 5 minutes)...

Je laisse ces deux mots de côté, et je prends conscience de tout le positif — tant au niveau physique qu'au niveau mental — qui est en moi (30 secondes).

Lorsque je veux revenir au niveau de veille, je respire amplement, mais toujours calmement deux ou trois fois... Je bouge tout doucement la langue... le visage... les doigts... les orteils... Puis peu à peu je remue les pieds, les mains, la tête... Enfin, je laisse naturellement mon corps tout entier se réveiller, avec tous les gestes et les étirements nécessaires... (30 secondes minimum).

J'ouvre les yeux lorsque je me sens bien réveillé... Je me sens en pleine forme et en parfaite harmonie avec moi-même et avec le monde extérieur.

E. Variante

Cet exercice peut être pratiqué en ne prenant qu'un seul mot que l'on place alors sur l'expir uniquement. On peut aussi choisir quatre mots, un pour l'inspir, un pour la phase poumons pleins, un pour l'expir, un pour la phase poumons vides.

Une extension de cet exercice consiste à choisir une qualité que l'on souhaite obtenir. Caycedo propose la capacité d'espoir ou d'enthousiasme, l'harmonie physique et mentale... Il est sans doute préférable que vous définissiez vous-même cette qualité avec le ou les mots que vous voulez. Prononcez alors ce ou ces mots intérieurement à chaque expiration.

CHAPITRE IV

Le stress : de l'adaptation à l'acceptation

« La meilleure assurance vie c'est la sérénité et la faculté d'adaptation. »
Docteur Shaeffer

1. Un problème d'adaptation

Premier constat : les facteurs éventuels de stress sont nombreux dans notre environnement (bruits soudains, gestes dangereux, conduite agressive d'un automobiliste, insécurité des villes...), dans notre vie sociale (instabilité du travail, peur d'un supérieur, accroissement de la population citadine, situations conflictuelles...), dans notre manière de vivre (repas trop copieux, exercices physiques trop intenses, excitation nerveuse...).

Deuxième constat : face à ces situations ou événements stressants, notre organisme fragilisé et mal préparé s'adapte plutôt mal. Et le syndrome de stress naît de cette difficulté à s'adapter aux problèmes. Le stress est donc le résultat d'une mauvaise réaction à une agression ou à un événement vécu comme tel.

La survie de l'homme depuis les temps préhistoriques est directement liée à sa faculté d'adaptation. En s'adaptant, il permet aux générations futures de prolonger son action. L'inadaptation entraîne, à court ou à long terme, la mort de l'individu voire de l'espèce. Il est donc vital pour lui de réagir sainement à tout ce qui, dans sa vie, semble bouleverser son équilibre. L'homme a prouvé depuis longtemps que lorsque c'est nécessaire il peut s'habituer à des conditions de vie nouvelles voire difficiles. Il suffit qu'il ait toujours en lui le désir de vivre et... l'énergie nécessaire pour alimenter son combat.

Chaque nouvelle adaptation (ou tentative d'adaptation) crée une dépense d'énergie qui fragilise un peu plus l'organisme. Celui-ci peut alors devenir une proie facile pour de nombreux troubles. Des stress répétés créent une usure tant psychologique que physiologique qui ouvre la porte aux infections. Hans Selye affirme que « *chaque exposition à un stress laisse une trace indélébile en ce sens qu'elle épuise des réserves d'adaptation qui ne peuvent être remplacées* (1) ». C'est le processus du vieillissement mais c'est aussi, dans certains cas, « le sel de la vie ». Si un effort intense crée une certaine usure, il procure aussi un plaisir qui donne un sens à la vie. En revanche, une vie exempte de grande activité et d'émotions fortes risque fort d'être terne et sans intérêt. Chacun est donc libre de choisir la philosophie qui lui convient : soit donner de la vie aux années, soit donner des années à la vie ; sans doute y a-t-il un juste équilibre entre ces deux directions.

2. Le stress a cinquante ans

C'est en 1936 que Hans Selye définit le syndrome de stress. Croyant découvrir une nouvelle hormone, il injecte des extraits ovariens et placentaires à des animaux. A la suite de ces expériences, il constate chez ces animaux :

a) un développement considérable du cortex cérébral,
b) une forte atrophie du thymus,
c) des saignements et ulcères intestinaux et stomacaux.

Quelque temps plus tard, il découvre que, quelle que soit l'agression subie par l'animal, la même triade de réactions revient. Il en conclut donc que ce n'est pas la spécificité du produit injecté qui est la cause de ces réactions, mais bien son caractère agressif.

1. Hans Selye : *Le Stress de la vie* (Gallimard/Lacombe).

Observant attentivement ce phénomène du stress, il découvre que tout organisme agressé (stressé) passe par trois phases bien distinctes :

1) Une **phase d'alarme** durant laquelle cet organisme réagit en mobilisant ses forces contre l'agent agresseur. C'est à ce stade que l'on relève la triade de réactions détaillée plus haut. Le corps sécrète des hormones surrénales ; il est en état d'alerte. Comme un pays attaqué par une puissance étrangère, il y a mobilisation des troupes afin de repousser l'envahisseur.

2) Si l'agression continue, l'organisme traverse ensuite une **phase de résistance.** Grâce à sa lutte, il rétablit l'équilibre. On note ici la disparition des symptômes observés durant la phase n° 1. Le corps continue d'émettre des hormones ; il y a donc mobilisation de grandes quantités d'énergie. Si un pays est harcelé trop longtemps, la lutte occasionne très vite des pertes d'hommes considérables mais elle maintient la dominance.

3) Le dernier stade est l'**épuisement**. Après s'être adapté momentanément à l'agression grâce à une lutte interne, l'organisme subit à nouveau les trois réactions de la phase d'alarme. Il y a perte d'énergie et, dans certains cas, la mort survient. Le pays agressé, ayant perdu la majorité de ses troupes, ne peut plus lutter efficacement ; l'envahisseur le contrôle totalement.

Hans Selye définit le stress comme la totalité de l'usure physique ou morale d'un organisme causée par les circonstances de la vie. « *Ce sont,* dit-il, *les changements du corps dus à une tension nerveuse, à une blessure, à une infection, au froid, à la chaleur, aux rayons X ou à n'importe quoi, que nous appelons un stress.* » Le stress est responsable de nombreuses maladies : hypertension, maladies cardiaques, certaines arthrites, certains ulcères, cancer, etc. A court terme, ses conséquences sont : fragilité plus grande aux infections, nervosité accrue, irritabilité, agressivité, insomnie et, bien sûr, mauvaise réaction aux problèmes divers, déséquilibre émotionnel avec tout ce que cela peut entraîner d'effets pernicieux dans la vie familiale, sociale et professionnelle. Des études récentes ont montré que des tensions répétées favorisaient le développement d'une hormone surrénale : le cortisol. Or, cette hormone du stress engendre de la dépression nerveuse. L'apprentissage de la détente reste donc un des meilleurs moyens pour lutter contre la dépression et en même temps contre le stress.

3. Savoir accepter

Nous pouvons améliorer notre qualité d'adaptation en apprenant à se contrôler à tous les niveaux : musculaire, respiratoire et mental. La respiration yogique complète nous livre les secrets du contrôle respiratoire. La sophronisation abaisse le tonus musculaire et apaise le système nerveux. Le contrôle mental est lui directement lié à la faculté d'acceptation. Face à un problème donné, nous pouvons réagir de deux façons : par la tension émotionnelle et mentale (non-acceptation) ou par la détente (acceptation). Notre sérénité intérieure et, en définitive, notre bonheur dépendent de cette qualité d'acceptation.

Accepter, cela signifie ne plus faire deux avec le monde extérieur, c'est-à-dire **rechercher l'unité en toute chose.** Dans notre vie quotidienne, nous sommes en refus constant. Observez bien votre comportement vis-à-vis des petits faits de la vie : en arrivant à un feu rouge, un pneu qui crève, quelqu'un qui vous marche sur les pieds, un objet qui se casse, une maladie qui se déclare, un retard dans un rendez-vous, une douleur physique, un projet qui s'évanouit... A chacun de ces événements nous refusons ce qui est : nous refusons le feu rouge, le pneu crevé, l'objet cassé, la maladie, le retard, la douleur... Nous disons « non » à la réalité, car la réalité est bien ce pneu crevé ou cet objet cassé que nous aimions tant. Il n'y a, dans l'instant présent, pas d'autre réalité. En n'acceptant pas ce qui est, nous engendrons une tension qui gaspille un peu de notre énergie et nous ne solutionnons pas pour autant le problème. Bien au contraire, l'énergie perdue lors de la tension ne pourra être utilisée pour une autre action. Accepter c'est dire oui à la vie. Tous les grands guides spirituels ont enseigné à leurs disciples que la sérénité naissait de l'acceptation de leur condition présente. Avec un autre langage, le religieux a appris aux hommes à accepter leur condition présente, celle-ci traduisant la volonté de Dieu. Dans l'enseignement chrétien, certaines expressions vont dans ce sens : « *Ainsi soit-il* », « *Que la volonté de Dieu soit faite* »...

Mais, hélas ! bien souvent l'acceptation est devenue résignation. Accepter le pneu crevé signifie ne pas se mettre inutilement en colère, ne pas s'énerver ou ne pas hurler contre la malchance.

La crevaison est la seule réalité. Pester contre cette réalité, c'est créer une dualité entre ce qui est (la crevaison) et ce que l'on voudrait qui soit (l'absence de crevaison). La bonne réaction consiste à reconnaître que le pneu est crevé (et non pas à fulminer contre celui qui a laissé traîner le clou) et à changer immédiatement la roue. Il y a alors contrôle. Si la non-acceptation est une mauvaise réaction, la résignation n'aboutit également à aucun résultat. Si, par exemple, je me réveille en pleine nuit en proie à une forte fièvre, je dois accepter cet état, cette réalité. Si je la refuse, je crée une émotion négative qui ne peut que servir la maladie. « *Je suis malade* » est la seule vérité. Je ne surimpose pas à la maladie — phénomène objectif prouvé, par exemple, par la colonne de mercure arrivée au chiffre 40 — le fait que je pourrais être en bonne santé. J'accepte et reconnais la maladie. Accepter est la seule issue, car de la non-acceptation naissent le mal-être et la souffrance. Mais comme le précise Arnaud Desjardins, l'acceptation n'empêche pas d'agir. Dans le cas présent, nous prenons les médicaments qui s'imposent, nous nous mettons à la diète ou nous téléphonons immédiatement à un médecin. En acceptant ce qui est, nous évitons la naissance d'une émotion négative qui nous prive d'une quantité d'énergie nécessaire à la résolution du problème. Nous arrivons ainsi à ne plus être le jouet des émotions. Ne vivant plus dans le cycle infernal des émotions négatives, nous découvrons le sentiment. Le sentiment, dit A. Desjardins, est toujours tourné vers l'autre tandis que l'émotion est égoïste. « *Le sentiment,* ajoute-t-il, *c'est le positif absolu en face duquel ne se dresse aucun négatif* (2). »

*
* *

2. Arnaud Desjardins : *A la recherche du Soi* (La Table ronde).

PARTIE PRATIQUE N° 3

A. Le balancement latéral

Après une sophronisation en position assise, vous passerez à la position debout pour effectuer un exercice de relaxation dynamique du premier degré, le balancement latéral.

Cet exercice consiste à entrelacer les mains puis à lever les bras au ciel (paumes vers le haut). Au rythme que vous voulez, vous vous balancez latéralement en gardant de préférence les coudes pliés afin de ne pas créer de flexion trop forte au niveau lombaire. Pendant l'exercice, les yeux restent fermés, la respiration est libre.

La position debout est intéressante à bien des égards. Elle nous initie à la *relaxation différentielle*, c'est-à-dire que tout en conservant une partie du corps sous tension (ici les jambes qui maintiennent le corps verticalement), nous recherchons une détente profonde des autres parties du corps et aussi une détente mentale au bord du sommeil. Cet exercice de relaxation dynamique nous aide à percevoir les régions du corps qui, dans la vie quotidienne, demeurent inutilement contractées. En apprenant à utiliser judicieusement notre tonus musculaire, nous évitons un gaspillage d'énergie producteur de fatigue.

Nous avons expliqué plus haut qu'il était vital de garder les pieds sur terre. Ceux qui ne les ont pas sont souvent déséquilibrés psychologiquement. La relaxation en position debout produit des effets positifs sur les plans physique, psychologique et psychique. Nos élèves ont pu constater la rapidité de leur évolution dans l'harmonisation de leur personnalité grâce à la pratique de cet exercice. Ils ont amélioré leur intégration dans leur vie familiale ou sociale. Nous approfondirons cette prise de conscience durant les séances suivantes afin de consolider cet enracinement. Bien campé sur ses jambes, l'individu est en mesure de faire face à ses responsabilités et d'avancer sans peur dans la vie.

B. Le bâillement, la respiration sophronique

Le balancement latéral crée un étirement très bénéfique de la colonne vertébrale. L'étirement, lui, engendre bien souvent

des bâillements. N'essayez pas de les étouffer ; le bâillement est un acte spontané très important ; il est malheureusement mal considéré. Il est impoli de bâiller paraît-il. Pourtant le bâillement ne signifie pas toujours l'ennui ou l'envie de dormir ; il est aussi un réflexe de détente. Le bâillement mobilise le diaphragme trop souvent bloqué par une respiration inadéquate (essayez donc de bâiller en rentrant le ventre !). Il crée ainsi une respiration abdominale qui a pour effet de masser toute la sphère intestinale. Il provoque une grande inspiration qui compense de longues minutes ou heures de respirations superficielles. Il provoque un étirement de la colonne vertébrale : observez bien comment votre dos se redresse lorsque vous bâillez ; il corrige ainsi un tassement éventuel du corps. Enfin, il relaxe les mâchoires surtout si vous laissez le bâillement se développer naturellement. Un bon, un vrai bâillement crée un grand plaisir, un grand bien-être. **Redécouvrez la joie de bâiller.**

La respiration sophronique est une observation attentive et minutieuse du mouvement respiratoire. Cet exercice — largement inspiré du yoga — produit un grand calme intérieur. C'est sans doute l'exercice le plus simple et le plus efficace pour obtenir une profonde paix intérieure. Il court-circuite littéralement les pensées. Le silence qu'il introduit semble provoquer un grand nettoyage interne. Il est l'exercice antistress par excellence.

C. Sophronisation avec objet neutre

A partir de cette séance, vous allez compléter votre détente mentale grâce à la visualisation d'un objet neutre de la nature. Le but de cet exercice est d'approfondir le calme intérieur et d'apaiser l'esprit. Il diminue les effets négatifs du stress. Plus l'image est nette, plus elle retentit en nous. On vit alors un sentiment de calme et de paix. En outre, cet exercice développe le pouvoir de concentration et de visualisation. Ainsi prépare-t-il aux activations intrasophroniques proposées plus loin. Le moment venu, on laisse donc venir une image paisible et agréable empruntée à la nature (paysage, arbre, fleur, nuage, rivière...). Cette image peut se modifier au fur et à mesure des séances, devenir plus belle, plus précise, plus riche, mais il est également possible qu'une autre image prenne sa place. De toute façon laissez agir votre spontanéité. Évitez néanmoins de visualiser un paysage ou un objet chargés émotivement, c'est-à-dire en rapport avec un souvenir très fort ; une telle image risquerait fort de perturber la détente mentale.

Au fur et à mesure de la pratique, cet objet neutre devient un point de repère dans le cheminement de la relaxation. Il devient l'ami qui ponctue la séance de moments de calme et de paix intérieure. Il court-circuite les pensées.

D. Texte à enregistrer

Je m'asseois le plus confortablement possible... Quelle perception ai-je de mon corps tout entier, ici et maintenant ? (15 secondes).

Je sens mon corps s'abandonner complètement à la pesanteur... Mes paupières se détendent... Sous elles, les yeux se relâchent également... Je perçois aussi la détente de tous les petits muscles qui entourent les yeux...

Je détends le front... Il se déride... Je détends le cuir chevelu... Il se déplisse... Je détends les tempes et les joues... Elles abandonnent toute tension... Je détends la base du nez... Je desserre les lèvres et les mâchoires... Si la bouche s'entrouvre je laisse faire... J'abandonne tout effort, toute crispation... Et je prends maintenant conscience des sensations — parfois très fines — que cette relaxation a pu entraîner au niveau des muscles et de la peau du visage... Dans le silence de mon corps, j'écoute ces messages (20 secondes).

Je détends profondément les épaules... les bras... les avant-bras... les mains... Je sens mes bras et mes mains s'abandonner totalement à la pesanteur... Les avant-bras et les mains s'appuient sur les cuisses de tout leur poids... Mes bras deviennent agréablement lourds... Cette profonde relaxation des bras crée une décompression des muscles sur les vaisseaux qui se traduit au niveau des mains et des doigts par des sensations de chaleur ou de picotements (20 secondes).

J'observe la détente qui s'installe dans le cou et la nuque... Je sens cette région du corps se dénouer... (15 secondes).

Je détends toute la musculature du dos depuis la région des omoplates jusqu'à la région lombaire... (5 secondes). *En décontractant profondément le dos, je parviens à libérer les muscles thoraciques et la musculature lombaire... Ma respiration attire mon attention...* (15 secondes). *Le simple fait d'observer ce mouvement calme et paisible introduit déjà une grande détente mentale* (15 secondes).

Je détends le bassin... la région anale... les hanches...

Je détends les cuisses et les genoux... les mollets et les chevilles... les pieds et les orteils... Je me mets maintenant à l'écoute de mes jambes (15 secondes).

J'approfondis ma détente mentale... Pour cela, je concentre naturellement mon attention sur le respir... A chaque expiration, je retrouve cette sensation agréable de descente dans une partie de moi-même parfaitement calme et sereine... (30 secondes). *Je me laisse ainsi descendre au bord du sommeil* (30 secondes).

Dans ce niveau de conscience, je savoure le bien-être qui envahit tout mon être (1 à 2 minutes).

Je complète cette détente profonde par la visualisation d'un objet de la nature... Je laisse venir quelque chose de très agréable... (1 minute).

Je laisse s'estomper cet objet neutre et reprends pleinement conscience de mon corps... Très doucement avec un minimum d'effort et de geste, je me lève... (5 secondes).

En position debout, j'écarte les pieds de la largeur du bas-

sin (20 centimètres environ). *Je les place parallèles entre eux. Et j'équilibre le poids du corps entre pied droit et pied gauche* (10 secondes). *Mes yeux sont toujours fermés. Quelle perception ai-je de mon corps dans cette position debout ?*(10 secondes). *Je conserve cette position avec un minimum d'effort...*

Puis, j'entrelace les mains et je les positionne au-dessus de la tête, paumes vers le ciel, coudes pliés. Et en respiration libre, j'effectue un balancement latéral des bras et du tronc au rythme qui me convient (pendant 20 à 30 secondes). *Je laisse ensuite mes bras redescendre soudainement le long du corps... Je me mets alors à l'écoute des sensations que cet exercice a créées dans mon corps* (20 secondes). *Tout en restant conscient de ces sensations, je me laisse redescendre tout au bord du sommeil... Un peu plus profondément à chaque expiration* (20 secondes).

Je reprends le balancement latéral une seconde fois (20 à 30 secondes)... *Je retrouve ensuite les sensations corporelles, aussi bien les plus fortes que les plus fines, les plus légères* (20 secondes). *Je retrouve le bord du sommeil* (20 secondes).

J'effectue le balancement latéral une dernière fois (20 à 30 secondes)... *Puis, contact avec les sensations internes* (20 secondes).

Très doucement, je réintègre maintenant la position assise... Et je savoure les sensations de récupération : détente, chaleur, pesanteur... qui ne manquent pas de se créer (30 secondes).

Je vérifie le relâchement du visage et des mâchoires... les épaules et la nuque... les bras et les mains... le dos, le thorax et le ventre... les fesses et les hanches... les jambes et les pieds...

Quelle perception ai-je de mon corps tout entier, ici et maintenant ? (10 secondes).

A chaque expir, je retrouve cette possibilité de descendre un peu profondément en moi-même, dans un lieu calme et serein (30 secondes).

Une fois arrivé dans ce niveau de conscience entre veille et sommeil, j'observe le mouvement de ma respiration. Plus précisément, je prends conscience du passage de l'air à l'intérieur des fosses nasales ; air légèrement frais à l'inspir, un peu plus chaud à l'expir... Je me concentre sur cette double sensation thermique (2 minutes).

Je suis maintenant très attentivement le trajet de l'air à l'intérieur des fosses nasales... A l'inspir je pars des narines pour remonter jusqu'en haut des fosses nasales (c'est-à-dire jusqu'au palais). *Et à l'expir je fais le trajet inverse. Je pars du haut des fosses nasales et je redescends jusqu'à l'entrée des narines... Mon attention voyage donc très exactement avec le mouvement de l'air comme si elle était véhiculée par l'air* (2 minutes).

Je prends conscience du calme et de la paix qui sont en moi (15 secondes). *Et lorsque je le désire, je reprends une respiration plus ample pour ensuite bouger la langue, les doigts, les orteils, puis progressivement la tête, les bras, les jambes. Et enfin, je laisse spontanément mon corps se réveiller en prenant un réel plaisir à retrouver toute ma tonicité musculaire...*

Je n'ouvre les yeux qu'au dernier moment lorsque je me sens bien réveillé. Je les ouvre très doucement afin de retrouver sans brutalité la luminosité extérieure.

CHAPITRE V

Dynamiser le positif

« Développez un enthousiasme pour la vie ; créez le besoin d'un supplément de vie et il vous sera donné plus de vitalité. »
Maxwell Maltz

« Il faudrait compter sur la nature, voir l'avenir en beau, et croire que la vie triomphera. C'est plus facile qu'on ne croit, parce que c'est naturel. »
Alain

1. Le monde est malade

Parler de positif c'est, aux yeux de certains, faire preuve d'insouciance voire d'inconscience. Les guerres, les injustices et les souffrances qui existent de par le monde sont autant de faits incitant à la morosité. Sans dépasser les frontières de notre pays, nous rencontrons tous des malades, des chômeurs ou simplement des personnes qui vivent un moment pénible. Si l'on est véritablement attentif à ceux qui nous entourent, nous finissons inévitablement par découvrir des individus qui souffrent. De plus, une information de plus en plus rapide nous tient au courant de nombreux troubles, en quelque point du globe où ils éclatent. La catastrophe la plus grave, l'atrocité la plus révoltante, la guerre la plus injuste se déroulent soudainement sous nos yeux. Ce qui était lointain devient tout proche.

Qui plus est, les médias entretiennent l'idée selon laquelle nous n'avons pas le droit d'ignorer ce qui se passe en Afghanistan, au Proche-Orient, en Amérique du Sud ou ailleurs. Celui qui déclarerait ouvertement ne pas s'intéresser aux problèmes mondiaux passerait immédiatement pour un égocentrique ou un irresponsable. Or l'homme ne prend pas suffisamment conscience de l'impact négatif que ces informations dramatiques et douloureuses peuvent avoir sur son état psychomental. Comme le remarque justement Henri Laborit, l'homme européen évoluait, il y a encore un siècle, dans un espace limité, celui de son village. Les informations qu'il recevait ne venaient que de cet espace restreint. Ainsi pouvait-il avoir, dans une certaine mesure, une action directe sur les problèmes dont il était le spectateur. « *Aujourd'hui,* précise Laborit, *l'information planétaire pénètre à profusion dans le moindre espace clos et l'homme qui s'y trouve enfermé n'a pas la possibilité d'agir en retour efficacement. Il en résulte une angoisse qu'aucun acte gratifiant ou sécurisant ne peut apaiser* (1). »

Est-ce à dire que nous devons ignorer les problèmes de ce monde et se voiler les yeux ? Sans doute pas. Mais il faut prendre du recul vis-à-vis des informations qui nous parviennent quotidiennement. Les guerres ont toujours existé. La guerre de Cent Ans n'a sans doute rien à envier à la Seconde Guerre mondiale. Les ayatollahs fanatiques ont eu d'illustres prédécesseurs à l'époque de l'Inquisition. Les chefs d'État agressifs sont nombreux dans l'histoire de notre planète. Les meurtres et les tortures ne sont pas nés avec le XXe siècle. La haine et l'agressivité destructrice ont toujours été présentes en l'homme. Mais aujourd'hui, l'homme détient la possibilité de se détruire lui-même. Nous ne sommes plus à l'époque des flèches et des arbalètes. La science lui a fourni des moyens fantastiques d'autodestruction ; il est devenu un apprenti sorcier qui joue avec une poudre dangereuse. Si la pulsion de destruction n'a pas changé en lui, elle a en outre découvert des moyens beaucoup plus efficaces.

---

1. Henri Laborit : *L'Inhibition de l'action* (Masson).

2. Je suis le monde

Y a-t-il une solution à tout cela ? Est-il possible d'éviter l'irréparable ? Il n'est pas dans notre propos de suggérer une ligne de conduite aux gouvernants de ce monde. Ces hommes obéissent à toutes sortes de contraintes politiques ou autres qui font d'eux des instruments au service d'une idéologie. En revanche, nous autres qui constituons la société détenons un réel pouvoir sur le devenir de la Terre et d'abord de notre cellule. Notre état d'esprit et notre façon d'être et de penser ont une réelle influence sur le devenir de la Terre ou de notre nation. Une des grandes erreurs chez l'homme, c'est de se croire distinct du monde ou extérieur aux problèmes des autres. C'est le malentendu que Krishnamurti a voulu dissiper depuis plus de cinquante ans. L'individu est le monde, dit-il ; l'individu est l'humanité. Je suis le monde. Tout ce qui se manifeste autour de moi est le miroir de ce qui se manifeste en moi. La parole de haine ou le geste agressif qu'exprime l'individu trouvent leurs pendants, au niveau mondial, dans les guerres et les tensions politiques. Toute pensée émise par un individu influence l'état du monde. Comme les multiples rouages d'une mécanique, nous sommes responsables et solidaires les uns des autres. Les pensées négatives que cultivent des millions d'individus agissent instantanément sur la santé de la planète, car les troubles et dissensions internationales ne sont que l'expression de notre état intérieur. Si en tant qu'individu isolé je ne puis modifier le cours du monde, il est par contre en mon pouvoir de changer positivement mes pensées et mes actes. Plutôt que de me lamenter sur les troubles qui agitent notre Terre, je dois plutôt réfléchir sur ma propre attitude.

Qu'ai-je fait aujourd'hui pour améliorer mes relations avec ma famille ou mon entourage ? Avant d'exiger la paix sur Terre, posons-nous d'abord la question de savoir si nous la possédons en nous. Sommes-nous à l'écoute des autres ? Car, à une autre échelle, les dissensions entre individus sont l'expression des luttes armées qui secouent les peuples. Il est plus simple et plus facile d'accuser le voisin que de rechercher en soi ce qui doit être amélioré. En étant attentif à notre manière d'être et de vivre, nous devenons alors capable de changer positivement notre existence et, par conséquent, celle des autres. Entretenir une attitude mentale négative, émettre des pensées d'agressivité ou cultiver la haine sont autant d'autosuggestions malsaines qui forgent notre vie dans le sens de l'échec et de la souffrance. Qui plus est, ce que nous lisons, voyons ou entendons, influence considérablement notre personnalité. Si la joie est communicative, la tristesse l'est également. La chance, la réussite et le bonheur découlent directement de la capacité à cultiver le positif et des expériences gratifiantes que l'on a vécues. Ma vie est le reflet de mes pensées et de mes expériences.

3. Réapprendre le plaisir

L'action de l'homme dans ce monde est guidée par deux pulsions : obtenir le plaisir — celui-ci récompensant l'action — et éviter la souffrance ou l'échec. Ces deux attitudes : recherche de la récompense (gratification) et réaction conditionnelle d'évitement (ne pas être puni, ne pas échouer), forment la base de l'apprentissage de l'être humain. Elles sont très marquées chez l'enfant. Celui-ci recherche spontanément ce qui est susceptible de lui procurer un plaisir et s'écarte de ce qui pourrait lui causer un désagrément. Un bébé exige la satisfaction immédiate de son désir. Chez l'adulte, un deuxième paramètre entre en jeu : la réalité. Dans ses actes quotidiens, il tient compte de cette seconde orientation. Par exemple, il peut certains jours ne pas avoir envie d'aller travailler. La recherche du plaisir immédiat lui dicte de rester à la maison ou d'aller se promener, mais il sait que si il acquiesce à ce désir, il risque de gros problèmes dans son travail. Il sait aussi qu'après son travail, grâce à l'argent gagné, il pourra satisfaire certains désirs (loisirs, vacances...). Il peut donc « différer » son plaisir. « *La tendance naturelle qui pousse l'organisme à rechercher le plaisir,* dit Lowen, *n'est normalement suspendue que dans deux cas : quand sa survie est en jeu et quand il s'agit d'obtenir un plus grand plaisir* (2). » Dans un autre ouvrage, il explique que cette orientation (aller vers le plaisir et s'écarter de la douleur) est biologique « *parce que, au niveau du corps, le plaisir développe la vie et le bien-être de l'organisme* ».

---

2. Alexander Lowen : *Le Plaisir* (Tchou).

Bien que l'orientation primaire de la vie soit le plaisir, il nous faut reconnaître qu'il prend parfois des directions tortueuses. Pour en revenir à l'information, on peut se demander ce qui incite tant d'individus à écouter ou voir ces informations douloureuses. S'il est normal de s'intéresser à certains problèmes graves qui agitent le monde, il nous semble anormal de rechercher plusieurs fois par jour à s'informer sur les moindres détails d'une guerre ou d'une atrocité. Qu'est-ce qui pousse certaines personnes à se nourrir de négatif, à se délecter du malheur des autres ? Il ne s'agit plus ici d'un besoin de s'informer mais d'une certaine forme de sadisme ou d'une attirance inconsciente vers le morbide. C'est ici à chacun d'observer son comportement. Il existe d'ailleurs toute une presse spécialisée dans le fantastique malsain, dans le crime horrible qui appuie sa publicité sur le « *choc des photos* » et « *le poids des mots* ». Pourquoi a-t-on besoin d'émotions fortes négatives ? Ne sommes-nous pas capables de nous nourrir de joie et d'amour ? Pourquoi notre plaisir est-il perverti ? Sans doute à cause des expériences douloureuses qui ont jalonné la vie. C'est pour cette raison que la sophrologie propose de travailler le positif. En travaillant positivement sur le passé, on harmonise la personnalité. On dédramatise les moments difficiles. On se dégage de l'influence négative des souvenirs. En travaillant positivement sur le futur, on prépare les moments à venir et on se démarque des pensées négatives. En revanche, en s'imprégnant de négatif (lectures malsaines, recherche d'informations dramatiques, idées noires...), on détermine un futur problématique et vraisemblablement douloureux. Tout ce que nous voyons, sentons ou pensons, agit en profondeur sur notre psychisme et influence notre vie future. C'est donc à nous de déterminer le sens de cette orientation.

4. La « positivothérapie »

Ma chance, ma réussite et mon bonheur dépendent de ma capacité à cultiver le positif. Mais qui plus est, la vision que j'ai de l'autre influence sa destinée. Des expériences en milieu scolaire (études de Robert Rosenthal) ont démontré la réalité de l'effet Pygmalion. On partage une classe en deux groupes, les élèves de ces deux groupes possédant les mêmes particularités et notamment un quotient intellectuel identique. On explique alors au professeur (qui participe sans le savoir à cette expérience) que tel groupe est composé d'excellents étudiants et que l'autre, au contraire, contient des éléments très moyens. En fin d'année scolaire, on constate que ceux qui avaient été désignés comme brillants obtiennent des résultats largement supérieurs à ceux de l'autre groupe. Ainsi une projection positive sur un individu détermine-t-elle en partie ses qualités. Changer l'image de l'autre, c'est changer son comportement, sa vie. Cela est vrai pour soi-même. L'idée que nous nous faisons de nos capacités et de nos possibilités détermine avec précision ce que nous devenons. Il nous faut donc transformer notre image de soi.

C'est dans ce sens que Maxwell Maltz a dirigé sa recherche. Chirurgien esthétique, il constatait que la vie de ses patients était souvent transformée après une intervention chirurgicale supprimant un défaut. Avant l'opération, ces personnes étaient mal dans leur peau, bloquées, tristes. Une fois le visage modifié, elles voyaient leur existence se transformer positivement. Mais dans certains cas, l'opération ayant pourtant réussi, l'individu restait le même. Il conservait les mêmes problèmes relationnels imputables à ce défaut. Maxwell Maltz se demanda pourquoi, dans certains cas, la vie de l'individu était totalement transformée et pourquoi, dans d'autres cas, aucun changement n'était observé. Il comprit alors que lorsqu'il opérait physiquement quelqu'un, une opération intérieure, psychologique, avait également lieu. Les patients modifiant intérieurement leur image de soi voyaient leur vie se modifier très positivement. Mais quand à la suite d'une opération le patient n'avait pas changé cette image de soi, il restait le même et la disparition du défaut n'amenait alors aucune amélioration de son état psychologique. Maxwell Maltz devint malgré lui psychologue et il se rendit compte que son intervention relevait beaucoup plus du domaine de la psychologie que de la chirurgie pure. Il créa alors la psycho-cybernétique, méthode ayant pour but la création d'une nouvelle image de soi. Les résultats observés sur plusieurs milliers d'individus sont extraordinaires. La psycho-cybernétique a littéralement transformé la vie de ceux qui l'ont pratiquée. Nous ne nous attarderons pas sur cette méthode car elle ressemble beaucoup à la sophro-acceptation progressive que nous expliquons plus loin ; elle bouleverse les données de la psychologie moderne.

Si une nouvelle image de soi est susceptible de supprimer des blocages et des troubles mineurs de la personnalité, Norman Cousins a prouvé au monde médical que le positif pouvait se révéler une excellente thérapeutique. Et en créant le néologisme « positivothérapie », c'est bien à l'expérience de Norman Cousins que nous pensions. Dans les années 60, au retour d'un voyage, il devient subitement malade et doit être rapidement hospitalisé. Le diagnostic tombe : spondylarthrite ankylosante, maladie où le tissu de la colonne vertébrale se désintègre. Les médecins n'envisagent aucune guérison possible. Face à cet espoir de guérison inexistant, il décide néanmoins d'exploiter toute infime chance de rémission. Il se renseigne tout d'abord sur cette maladie rare et adopte vis-à-vis d'elle une nouvelle attitude. Sachant que les émotions négatives produisent dans l'organisme des modifications chimiques négatives, il se demande pourquoi des émotions positives ne produiraient pas des modifications positives. Amour, espoir, foi, vie, confiance et volonté de vivre ont-ils une valeur thérapeutique ?

Avant toute chose, il arrête les médicaments allopathiques que lui prescrit l'hôpital et quitte ce dernier afin de ne plus avoir à subir des prises de sang quotidiennes, ne plus avoir à avaler une nourriture qu'il juge de mauvaise qualité (3). Dans la chambre d'hôtel où il s'est installé, il conçoit ainsi son traitement :

a) Absorber de grandes quantités de vitamine C (qu'il présume efficace pour la rémission du trouble dont il souffre).

b) « *Faire appel aux émotions positives en tant que stimulant de la chimie du corps* (4). » A cet effet, il se fait projeter de nombreux films comiques. Il constate avec surprise que ces projections ont un effet anesthésiant. Qui plus est, la vitesse de sédimentation baisse de cinq points après chaque accès de fou rire. Aidé par son propre médecin, il continue cette double cure de rire et de vitamine C et il voit en quelques mois ses troubles s'atténuer puis disparaître. Cette histoire (maintenant décrite dans certains traités de médecine) prouve, si besoin est, l'impact du rire et de la joie dans le maintien ou le rétablissement de la santé.

---

3. Au sujet de la iatrogenèse médicale, on peut lire l'ouvrage d'Ivan Illich : *Némésis médicale* (Le Seuil).

4. Norman Cousins : *La Volonté de guérir* (Le Seuil). Voir également l'ouvrage du docteur Frederick Bailes : *Votre esprit peut vous guérir* (Éditions Dangles).

Les effets positifs du rire sont innombrables. Le docteur Pierre Vachet constate une meilleure circulation du sang, des sécrétions glandulaires et hormonales en augmentation, une élimination rénale plus importante et une amélioration de la digestion. La joie favorise la leucocytose digestive car il y a augmentation du nombre des globules blancs. « *La joie,* dit-il, *est à elle seule un rempart contre les maladies infectieuses* (5). »

Au début du siècle, des expériences en milieu hospitalier ont montré que des distractions et de la bonne humeur amenaient pour une même maladie des guérisons plus rapides. D'après le docteur Abrams, « *la bonne humeur est un remède puissant, lequel crée une base vibratoire qui détruit toute vibration pathogène* ».

Le grand sage hindou Sri Aurobindo nous dit : « *Tout ce que la pensée me suggère, je peux le faire ; tout ce que la pensée me révèle, je peux le devenir. Telle devrait être l'inébranlable foi de l'homme en lui-même car Dieu habite en lui... Pour la joie, non la souffrance cette Terre fut faite.* » Et Satprem, un de ses disciples, ajoute : « *Tout est joie, il faut se souvenir, se souvenir ! Elle est là, tranquille et sûre sous la peau noire des choses. elle nous aime* (6). » Nous voilà donc condamnés à rire et à être joyeux !

*
* *

5. Voir revue *Médecines douces,* n°23.
6. Satprem : *L'Orpailleur* (Le Seuil).

PARTIE PRATIQUE N° 4

A. Sophronisation en position debout

Pour un relaxologue orthodoxe, se relaxer en position debout est une hérésie. Le mot relaxation évoque un lâcher-prise incompatible avec une contraction musculaire. C'est pour cela que Caycedo a ajouté l'adjectif *dynamique* au mot relaxation. L'intérêt d'une telle méthode — nous l'avons déjà souligné — est multiple : enracinement de l'individu, apprentissage de la relaxation différentielle, recherche d'un état tonique de la conscience. Nos élèves ont pu constater que, grâce à la relaxation dynamique, ils arrivaient beaucoup plus rapidement à se détendre dans leur vie quotidienne (travail, foyer...) où la position allongée n'est jamais adoptée. En se relaxant debout, on perçoit vite les tensions musculaires inutiles au maintien de la verticalité. On parvient ensuite à transposer ces découvertes dans la vie de tous les jours. En verticalisant notre colonne vertébrale, nous dynamisons notre conscience et nous nous sentons maître de nous-même et de plain-pied dans les réalités de la vie. Alors que la position allongée évoque la passivité, la position debout suggère une attitude active et volontaire face à la vie.

B. Exercice de futurisation positive

L'exercice de futurisation positive consiste à se visualiser dans une situation qui pourrait se dérouler dans deux mois environ. On choisit un moment très agréable (promenade, rencontre, vacances...) et on visualise le lieu, les objets et bien entendu les personnes qui peuvent s'y trouver. On perçoit les odeurs présentes dans ce lieu. On écoute les bruits qui y sont habituels. Et l'on se visualise parfaitement en forme, à la fois calme et détendu, heureux de vivre et d'exister.

C. La sophro-acceptation progressive

La sophro-acceptation progressive est le même exercice mais appliqué à un problème particulier. Un timide, par exemple, va s'imaginer parlant librement avec des personnes qui, habituellement, ne le mettent pas à l'aise. Il se visualise tel qu'il serait s'il n'avait pas ce handicap de la timidité. Cet exercice a été appliqué dans de nombreux domaines avec efficacité : préparation à l'accouchement, aux examens, rétablissement d'une fracture, peur de l'avion... Il peut être pratiqué de plusieurs façons selon que l'on veuille préparer un événement ponctuel ou se défaire d'un problème particulier.

Prenons l'exemple d'une personne constamment tendue dans ses rapports avec les autres. Tous les jours, durant au moins une semaine, elle s'imagine (en relaxation bien sûr) parfaitement calme et à son aise dans une situation où elle est généralement tendue. Elle se visualise parlant librement, détendue, avec les personnes présentes. Elle projette cette image positive d'elle-même dans le futur en fixant cette amélioration pour dans deux mois. Durant une seconde semaine, elle imagine la même scène et la situe dans un mois. Pendant la troisième semaine de son entraînement, elle continue ce travail en situant maintenant la scène dans quinze jours. Et durant une ultime semaine, elle s'imagine toujours dans la même situation mais seulement dans quelques jours, c'est-à-dire qu'elle s'habitue progressivement à cette nouvelle image de soi. Pourquoi, me direz-vous, ne pas effectuer cette visualisation en la situant tout de suite dans quelques jours ? Parce que cela pourrait créer des doutes. Quelqu'un qui vit depuis des années avec un problème, un nœud particulier, ne croira pas — inconsciemment ou non — qu'il est capable de se transformer en quelques jours. Alors qu'en commençant la projection à deux mois, il doutera beaucoup moins de cette possibilité de transformation, l'échéance étant plus lointaine. Néanmoins cette précaution n'est pas nécessaire pour tout le monde ; certaines personnes préfèrent d'ailleurs effectuer cet exercice sans notion de temps, visualisant cette nouvelle image de soi comme si elles l'avaient déjà réalisée. Elles se voient donc sans leurs limites ou inhibitions présentes. C'est d'ailleurs la façon de faire de la psycho-cybernétique. Nous vous laissons trouver votre chemin.

Mais, si l'on prépare un examen (ou un accouchement, une réunion importante...), il est préférable d'aborder progressivement cet événement. On peut s'imaginer quelques mois après l'événement en question. On se voit calme, heureux, en pleine forme ; en imagination, on repense à cet événement que l'on a si bien vécu. Puis, peu à peu, au fil des séances, on se rapproche de l'événement pour enfin le vivre lui-même en imagination. On peut aussi s'imaginer avant l'événement et, séance après séance, s'en approcher et enfin le visualiser. Tout cela dépend de l'événement en question et de la psychologie de l'individu.

Ce qu'il est important de savoir, c'est qu'une image quelle qu'elle soit a un impact d'autant plus important que l'on est relaxé. Il faut donc descendre tout au bord du sommeil pour que l'exercice soit totalement efficace. « *Les états de concentration hypnoïde,* explique Durand de Bousingen, *facilitent la fixation inconsciente ou subconsciente de résolutions dont la force semble se trouver augmentée* (7). » Il faut aussi se souvenir qu'une mauvaise respiration influe négativement sur notre fonction imaginative et sur le contrôle des pensées négatives. Certains élèves parviennent à se visualiser beaucoup plus facilement lorsqu'ils contrôlent leur respiration de façon à ce qu'elle soit légèrement profonde. Pour Lowen, l'inhibition respiratoire est la cause directe de l'incapacité de se concentrer et de se détendre.

En se plaçant au bord du sommeil, non seulement nous voyons les images imprégner plus fortement le subconscient, mais surtout nous mettons en veilleuse notre cerveau logique et critique. Nous évitons ainsi de voir se lever des doutes ou des interrogations.

Dernier point important : visualisez-vous **globalement**. Si vous recherchez le calme, sentez ce calme au niveau physique, au niveau émotionnel et au niveau mental. Il faut qu'en imagination ce soit votre être tout entier qui soit calme et non pas une partie. N'oubliez pas que l'être humain forme un tout et qu'on ne peut donc dissocier une partie de ce tout sans rompre l'équilibre.

Relisez également le paragraphe « Puissance de l'affirmation positive » du chapitre III. Souvenez-vous que les émotions positives sont de puissants remèdes et de formidables canalisateurs d'énergie créatrice.

D. Exercice d'étirement des bras

L'exercice d'étirement des bras est très simple ; il est divisé en trois phases. On place tout d'abord le poids du corps sur le pied gauche et en inspirant, on lève le bras droit tout en relevant la tête. Poumons pleins, on étire le bras le plus haut possible. Puis en expirant, on relâche d'un seul coup. On fait la même

---

7. Durand de Bousingen : *La Relaxation* (P.U.F.).

chose en inversant la position. Enfin, on étire les deux bras. Pendant cet exercice, il est intéressant, durant la phase de repos, de sentir les différences qui existent entre les côtés droit et gauche du corps. Le côté qui vient d'être mobilisé dégage une sensation de grandeur, de vie, de légèreté. L'autre paraît lourd, mort, petit, tassé. Ce genre d'exercice, pourtant très simple, améliore nettement la perception du schéma corporel.

E. Texte à enregistrer

Je me place en position debout, et j'écarte les pieds de la largeur du bassin (20 à 25 cm). *Je mets mes pieds parallèles entre eux. Je ferme les yeux... Je perçois le contact des pieds avec le sol et pour que ce contact soit plus ferme, je plie légèrement les genoux. Je me sens ainsi enraciné dans le sol* (15 secondes)...

Je relâche maintenant les paupières ainsi que tous les petits muscles qui entourent les yeux... Je détends le front... Je décrispe le cuir chevelu... Les joues se relaxent... Lèvres et mâchoires abandonnent toute rigidité... Je perçois mon visage dans sa globalité... Je le vis agréablement reposé, calme (20 secondes).

Je détends les épaules... Elles deviennent beaucoup plus lourdes... Je détends le cou et la nuque et ainsi, je facilite la circulation du sang vers la tête (20 secondes)...

Je laisse aller les bras, les avant-bras, les mains. Je les sens eux aussi devenir de plus en plus lourds comme s'ils étaient attirés par le sol... La détente des bras crée une décompression des muscles sur les vaisseaux qui engendre des sensations agréables au niveau des mains (20 secondes).

Je relâche le dos... Pour mieux le détendre, je suis la forme de ma colonne vertébrale dans cette position debout (20 secondes)...

Poitrine et ventre se relâchent... Ma respiration attire mon attention... Je sens le ventre qui se gonfle à l'inspir et se dégonfle à l'expir (20 secondes)... *En observant ce mouvement, je trouve déjà le bord du sommeil...*

Je relaxe les fesses, le bas-ventre, et en partie les cuisses, les jambes, les pieds.

Rien ne me dérange de l'extérieur... Je continue de me pencher vers l'intérieur de moi-même en observant les expirs qui m'amènent dans un niveau de conscience de plus en plus serein (1 minute). *Je savoure ce calme...*

Je place maintenant le poids du corps sur le pied et la jambe gauche... En inspirant, je lève doucement le bras droit. En même temps, je relève la tête comme si je voulais regarder vers le haut. Poumons pleins, j'étire le bras droit jusqu'au bout des doigts comme pour toucher le plafond (quelques secondes). *Et je relâche d'un seul coup en expirant l'air. Le poids du corps revient sur les deux pieds. Je prends alors conscience des sensations corporelles en observant les éventuelles différences entre côté droit et côté gauche* (20 secondes). *Puis, sans perdre ce contact avec mes sensations internes, je me laisse redescendre tout au bord du sommeil en me concentrant sur les expirations* (20 secondes).

Je reprends l'exercice mais en plaçant le poids du corps sur la jambe droite et en levant le bras gauche (une dizaine de secondes environ). *Je relâche subitement... Le poids du corps revient sur les deux pieds... J'entre en contact avec mes sensations corporelles* (20 secondes). *Sans perdre ce contact, je retrouve le bord du sommeil* (20 secondes).

Je fais l'exercice en levant les deux bras, le poids du corps restant sur les deux pieds (une dizaine de secondes). *Je prends globalement conscience de mon corps... Je le sens activé* (5 secondes)...

Et puis, très doucement, avec un minimum d'effort et de gestes, je m'assois sur la chaise (quelques secondes). *Je savoure les sensations récupératives créées par cette position de repos* (détente, chaleur, picotements...) *pendant une vingtaine de secondes... Je prends conscience de cette possibilité de me relaxer encore plus profondément... Je vérifie la détente du visage, des mâchoires... des épaules et des bras... du dos et du thorax... de l'abdomen et du bassin... des jambes et des pieds...*

Je me laisse descendre encore plus profondément en moi-même, intensifiant cette détente mentale à chacune de mes expirations (1 minute). *Je me retrouve tout au bord du sommeil... Dans ce niveau de conscience, je visualise intérieurement mon objet neutre* (30 secondes). *Je le laisse maintenant s'estomper pour effectuer l'activation intrasophronique...*

Je me visualise dans une situation qui pourrait se dérouler dans quelques semaines ou quelques mois... Je visualise bien le lieu, avec les objets qui peuvent s'y trouver... Je perçois les odeurs, les parfums, les bruits... habituels à ce lieu. Je visualise les personnes, qui peuvent également s'y trouver, le plus nettement possible... Et je m'imagine moi-même, parfaitement bien physiquement, émotionnellement, mentalement (30 secondes). *Je me vois évoluer dans ce cadre, à la fois calme, sûr de moi et plein d'énergie* (30 secondes). *Je me sens en parfaite harmonie avec moi-même et avec tout ce qui m'entoure* (1 à 3 minutes). *Je reste encore quelques instants en contact avec cette image très positive de moi-même* (30 secondes).

Puis je reviens au présent, prendre conscience de mon corps et de tout le positif qui est en moi (30 secondes)...

En restant chargé de tout ce positif, je reprends une respiration plus ample... Je bouge très progressivement mon corps... Et enfin, je me réveille complètement en étirant les bras, les jambes, en faisant des flexions, des torsions afin de retrouver toute mon énergie musculaire... Au dernier moment seulement, j'ouvre tout doucement les yeux et retrouve ainsi le contact avec le monde extérieur... Je me sens calme et dynamisé.

N.B. : le texte, tel que nous l'avons rédigé, vous permet d'effectuer indifféremment une futurisation positive ou une sophro-acceptation progressive. Nous vous conseillons de pratiquer la futurisation positive pendant 1 à 3 semaines avant d'aborder la sophro-acceptation positive. Une *image de soi* positive est la véritable clé de la personnalité et du comportement. L'extraordinaire efficacité de cet exercice réside dans le fait que le système nerveux végétatif et le cerveau ne peuvent faire la différence entre une expérience vécue « réellement » et une expérience imaginée intensément dans ses moindres détails. Maxwell Maltz compare le cerveau et le système nerveux à un système à tête chercheuse. Il explique que ce servomécanisme est toujours orienté vers un but. Or, si notre *image de soi* est positive, ce mécanisme interne nous guide vers des buts positifs ; si elle est négative il nous oriente vers des buts négatifs. L'*image de soi* est responsable en grande partie de notre réussite ou de notre échec dans l'existence ; elle conditionne notre bonheur.

CHAPITRE VI

Respiration, source de vie

« Au lieu de rayonner de vie, l'homme qui respire mal est froid, terne, sans vie. »
A. Lowen

1. Respiration et épanouissement de la personnalité

La respiration est, à bien des égards, la fonction première de l'organisme. De la toute première inspiration du nouveau-né à la dernière expiration du vieil homme, la respiration rythme la vie de tout être humain. C'est une fonction autonome, c'est-à-dire qu'elle dépend du système neurovégétatif. Que l'on pense ou non à sa respiration, le rythme des inspirs et des expirs continue inexorablement, mais il est néanmoins en notre pouvoir de la maîtriser, voire de l'arrêter momentanément. Alors que chaque individu sait qu'il a la possibilité de prendre le contrôle de sa respiration, rares sont ceux qui sont conscients de la nécessité d'avancer dans la connaissance de ce mécanisme vital. Tous ceux qui viennent nous voir pour s'initier à la sophrologie ont constaté que leur respiration était superficielle, irrégulière, arythmique et en partie bloquée. Beaucoup d'ailleurs font spontanément le lien entre leur respiration dysharmonique et leur mal-être actuel. Dans l'histoire de la connaissance humaine, ce sont les yogis qui ont été les premiers à faire ce rapprochement entre un état psychologique donné et tel type de respiration. Cette découverte explique la place prépondérante de la respiration dans la pratique yogique. Ce qu'il faut retenir du contrôle respiratoire en yoga c'est le rythme, la mobilisation du diaphragme et l'aisance.

Nous sommes conscients de l'importance que peut avoir le rythme tout au long de la vie : la veille et le sommeil, l'activité et le repos, l'inspir et l'expir, l'alternance des saisons... Une marche rapide mais rythmée est tonique et de surcroît ne fatigue pas. Au contraire, une marche plus lente mais arythmique épuise très rapidement. Le rythme a comme double effet d'apaiser et de tonifier.

Pour respirer, il faut des muscles. Le diaphragme est le muscle le plus important de la fonction respiratoire. Il assure une respiration ample et abdominale. Malheureusement, pour de multiples raisons, il est souvent sans vie, bloqué. Lui redonner vie c'est accroître la ventilation pulmonaire, masser le plexus solaire, tonifier la région abdominale et diminuer l'angoisse (1). La respiration de l'angoissé est généralement haute, superficielle, rapide. En lui apprenant à respirer avec son ventre, on parvient à réduire notablement l'intensité de son angoisse.

Détente et respiration libre sont étroitement liées. Des tensions musculaires contrarient la liberté du souffle, ce qui impose à l'individu un surcroît d'effort. Inversement, une mauvaise respiration n'apporte aucune détente et en cas de stress, même mineur, diminue la faculté d'adaptation. Il faut donc éviter de forcer lorsque l'on travaille son respir. Dans cette recherche de l'épanouissement de l'être et de la respiration, l'effort violent contrarie la naissance d'une relation vraie avec soi. Forcer, c'est ne pas respecter son corps et sa conscience. L'aisance en toute chose et en tout lieu crée un sentiment d'harmonie, préalable à toute quête intérieure.

Les yogis, grâce à une pratique incessante, ont pu décrire minutieusement le lien entre tel type de respiration et tel état intérieur. Eva Ruchpaul, professeur de yoga, observe que « *l'agressivité est liée à une respiration rapide et superficielle, contrairement à la sérénité et à l'altruisme qui se conjuguent à un rythme profond et calme. La lenteur et l'insuffisance caractérisent l'état de tristesse, alors que la rapidité irrégulière marque l'irruption de la*

1. Voir l'ouvrage du docteur René Lacroix : *Savoir respirer pour mieux vivre* (Éditions Dangles).

joie (2). » Que se passe-t-il en effet lorsque, subitement, nous sommes soumis à un choc affectif (et quel choc n'est-il pas affectif) ? Prenons par exemple la peur ; en tout premier lieu, la bouche s'ouvre rapidement et la respiration se bloque en apnée poumons pleins (le thorax remonte et l'air se loge dans la partie haute des poumons). La respiration peut rester ainsi bloquée pendant un certain temps, puis le mécanisme respiratoire se remet en route. Le souffle devient haletant. La respiration est alors assez haute et buccale, car l'organisme ressent la nécessité d'absorber de grandes quantités d'oxygène. Parallèlement à cette modification du souffle, les jambes tremblent et perdent toute force si la personne ne répond pas au stress par une action rapide (fuite ou combat). Le rythme cardiaque s'accélère et la circulation sanguine se modifie.

Si la respiration se modifie de façon pathologique face à une situation conflictuelle, on peut supposer qu'une respiration contrôlée et harmonieuse atténuera les conséquences négatives d'un mauvais état physique ou mental. Les thérapies modernes (bioénergie, rebirth, cri primal...) accordent une place de choix au travail respiratoire. Ces thérapies travaillent beaucoup sur l'émotion qui, nous venons de le voir, est largement liée au respir. Pour Lowen, père de la bioénergie, les deux grandes fonctions de l'homme sont la respiration et le mouvement. Réduire l'expression de l'une, c'est entraver la liberté de l'autre. « *Tout changement réel dans la mentalité d'un individu, et par conséquent dans sa conduite et son état d'esprit,* dit-il, *a pour condition un changement dans ses fonctions physiologiques... Etre bien vivant, c'est respirer profondément, se mouvoir librement, sentir pleinement* (3). » Il voit, dans une mauvaise respiration, la cause de la fatigue, de la dépression, de la claustrophobie et de l'agoraphobie. Mal respirer diminue la concentration et augmente la nervosité.

Une respiration libre, calme et diaphragmatique assure un meilleur équilibre émotionnel. Profonde et complète, elle procure une relaxation profonde et tonifie l'organisme tout entier. La respiration est un des actes les plus positifs qui soit car il change nos rapports avec les autres et le monde extérieur. En respirant amplement, on détend les muscles intercostaux et on libère la cage thora-

---

2. Eva Ruchpaul : *Philosophie et pratique du hatha-yoga* (Denoël).
3. Alexander Lowen : *Le Plaisir* (Tchou).

cique, ce qui aide l'individu à dénouer les attitudes négatives liées aux tensions de cette région du corps. Parmi les attitudes liées à une rigidité thoracique, relevons la peur, l'orgueil démesuré, la rigidité morale. La respiration profonde est une ouverture de soi sur le monde.

2. La pratique du jala-neti (nettoyage du nez)

La respiration est aussi un acte cosmique. L'air n'est pas seulement porteur d'oxygène mais il véhicule aussi le prâna, l'énergie vitale. Avec une respiration contrôlée, nous assimilons mieux cette énergie subtile et nous nous relions à cette grande force dont est issue toute vie.

Mais une bonne respiration dépend également de la libre circulation de l'air à l'intérieur des fosses nasales et des voies respiratoires. Or les rhumes, en obstruant les fosses nasales, contrarient le passage de l'air. La respiration étant moins ample, il y a perte d'énergie, fatigue pour deux raisons : d'une part parce qu'il y a une absorption plus faible d'oxygène, d'autre part parce que l'assimilation de l'énergie vitale, se faisant en partie à l'intérieur des narines, se trouve contrariée ! « *Notre nez,* dit André Van Lysebeth, *est une véritable antenne prânique.* » Il conseille donc de respirer en imaginant que l'on hume une fleur, c'est-à-dire en dirigeant l'air vers le haut des narines. L'air parvient ainsi vers les zones olfactives qui sont aussi le lieu de captation du prâna. C'est entre autre pour cette raison que la respiration buccale est fortement déconseillée quand elle n'est pas absolument nécessaire.

Il est donc vital de maintenir les voies respiratoires dans un parfait état de propreté. Cela suppose de n'être pas sujet aux rhumes, rhinites et sinusites. Les yogis ont conçu à cet effet un petit appareil, le *lota,* dont la fonction est de nettoyer les fosses nasales et les sinus. Caycedo a introduit cette technique dans l'entraînement sophrologique ; il lui a donné le nom de *Kafa cleaning,* refusant de garder le nom exact, *jala-neti,* chargé selon lui de tout un contexte philosophique et religieux.

Le *lota* est un petit appareil (en métal, en grès ou en plastique) qui ressemble à une théière. On y mélange un demi-litre d'eau tiède à une cuillerée à café (arasée) de gros sel marin (3 ou 4 gram-

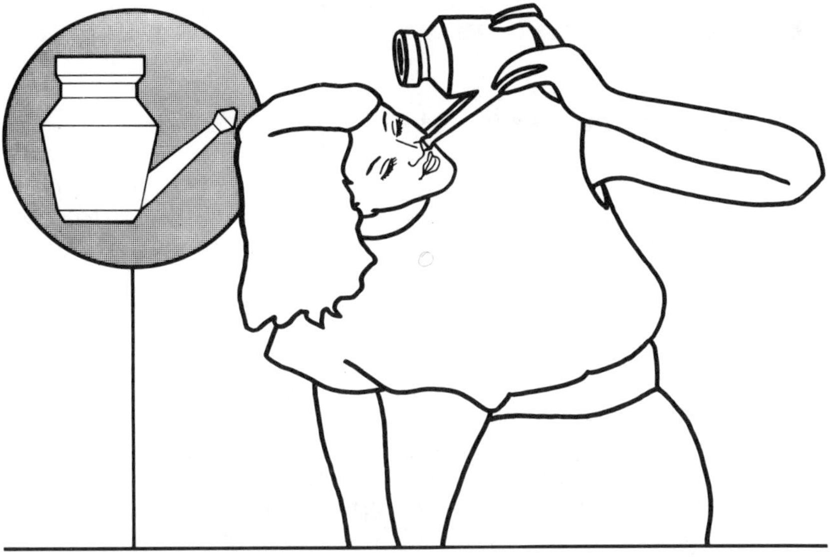

mes environ). Le sel étant bien dilué, on place l'embout du *lota* dans une narine. On penche alors la tête en avant ; la joue opposée à la narine qui reçoit l'embout est parallèle au sol. La bouche reste ouverte pour la respiration. Au bout de quelques secondes, l'eau ressort par l'autre narine. Lorsque la moitié du *lota* s'est écoulée, on recommence l'opération par l'autre narine. Une fois le nettoyage terminé, on chasse l'eau qui demeure dans les narines en expulsant l'air par le nez plusieurs fois et assez rapidement. On effectue ces expirations rapides tout en inclinant la tête en avant, puis vers la droite, puis vers la gauche, plusieurs fois de suite.

Cet exercice permet une excellente prévention des rhumes et des sinusites. Une élève de 76 ans a vu disparaître du jour au lendemain des maux de tête liés à un problème de sinus. En cas de sinusite chronique, il apporte un grand soulagement. Qui plus est, il aiguise l'odorat.

Nous l'utilisons en sophrologie car il procure une bien meilleure concentration et affine la prise de conscience de la corporalité. Il libère la respiration et « dégage » la tête, notamment en cas de tensions.

PARTIE PRATIQUE N° 5

A. Contraction de tout le corps

La contraction de tout le corps est bien entendu un exercice de la relaxation dynamique du premier degré. Il s'effectue généralement en début de séance afin de faciliter la prise de conscience corporelle, la contraction musculaire engendrant de nombreuses sensations thermiques très agréables. Lorsque l'exercice est terminé, on ressent une détente plus profonde. En effet, après avoir contracté intensément le corps, on accroît le lâcher-prise musculaire. Il aide aussi à couper court au vagabondage mental. En cas d'énervement ou de trop forte activité mentale, il apporte un grand soulagement. Il « dégage » la tête.

En position debout, on contracte donc les pieds, les chevilles, mollets, genoux, cuisses, fesses, les mains, bras, épaules, le ventre, le thorax, le dos, le cou, le visage et les mâchoires. On garde quelques instants cette tension globale, puis on relâche soudainement.

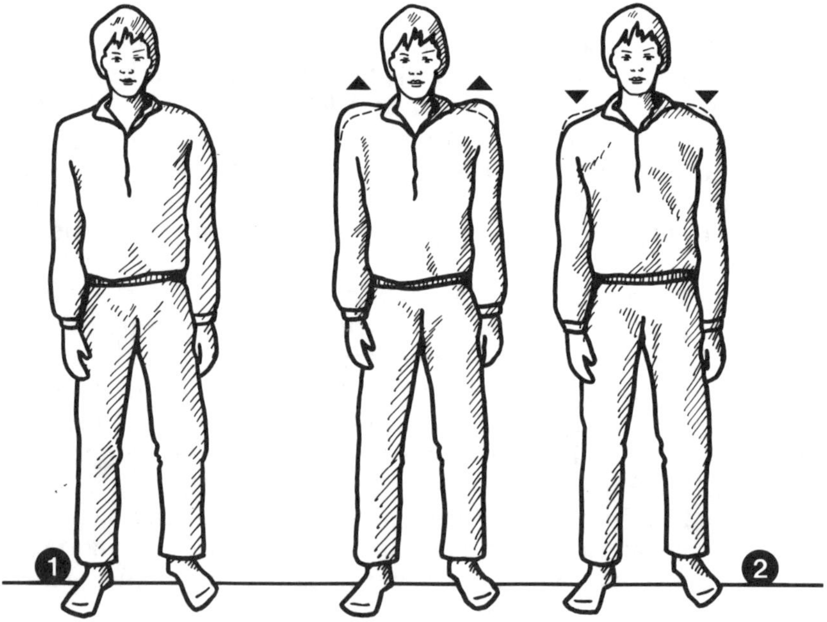

B. Le haussement d'épaules

Après la sophronisation en position assise, on se replace en position debout pour effectuer le haussement d'épaules. On inspire et, poumons pleins, on fait un mouvement rapide d'épaules de haut en bas. Puis on relâche tout en expirant. Cet exercice provoque une grande détente des épaules, des trapèzes et, par réaction, de la nuque. La rétention de souffle, associée aux mouvements des épaules, intensifie les échanges au niveau pulmonaire. Il s'ensuit une meilleure oxygénation et une élimination plus complète de Co_2.

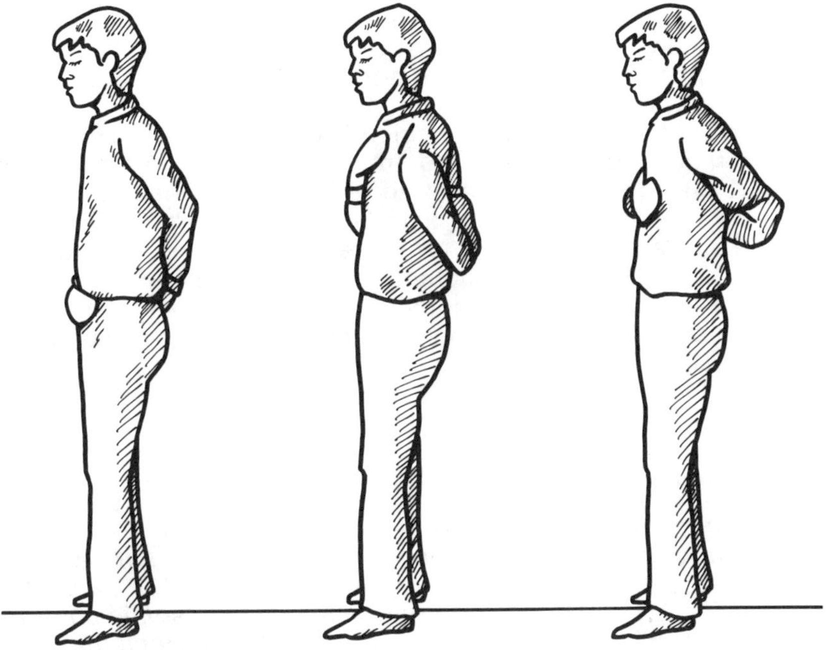

C. Les trois étages respiratoires

Toujours en position debout, vous allez affiner la perception de votre mécanisme respiratoire. Cet exercice très simple provoque une grande intériorisation. On perçoit alors le corps comme une grande respiration. On se sent respirer de partout. On se sent respiration.

D. La sophro-correction sériée

Avec la sophro-correction sériée, nous commençons le travail sur le passé. Travail exclusivement positif, bien entendu. Il faut chercher dans son passé, proche ou lointain, un souvenir très agréable et de préférence assez calme. Pendant une minute on revit intérieurement ce souvenir, puis on revient au présent, c'est-à-dire que l'on reprend conscience de son corps, des sensations internes. On repart ensuite dans le passé revivre ce même souvenir et on revient de nouveau au présent. Et l'on recommence une dernière fois l'opération. On effectue donc trois fois cet aller-retour du passé au présent. Ainsi un transfert d'énergie a-t-il lieu entre le souvenir positif et le présent. Le positif vient imprégner le présent, la corporalité. Cet exercice approfondit la relaxation et accentue notre présence au monde. Ici et maintenant, nous nous sentons calme et fort.

On peut conseiller cet exercice à tous ceux qui ont du mal à être bien dans le présent. Or comme nous l'avons déjà dit, le but à court ou à long terme de toute recherche intérieure, de tout yoga voire de toute thérapie, est d'accentuer notre présence au monde et de nous aider à vivre pleinement l'instant présent. Comme le dit Rajneesh, l'instant présent c'est l'éternité.

A la fin de ce chapitre nous proposons une extension particulièrement intéressante de cet exercice : se libérer des peurs et des phobies.

E. Texte à enregistrer

En position debout, je ferme les yeux et j'écarte les pieds de la largeur du bassin... Je les positionne, parallèles entre eux, et j'équilibre bien le poids du corps entre pied droit et pied gauche... Afin de mieux les sentir enracinés dans le sol, je plie très légèrement les genoux... Je me sens ainsi parfaitement équilibré...

Quelle perception ai-je de mon corps tout entier, ici et maintenant ? (15 secondes). *Quelle perception ai-je de ma respiration ?* (15 secondes).

Je contracte maintenant les orteils, les pieds, les chevilles, les mollets, les genoux, les cuisses, les fesses, puis les mains (poings fermés), *les bras, les épaules, le ventre, le thorax, le dos et enfin le cou, le visage et les mâchoires. Je garde quelques instants cette tension de tout le corps, puis je relâche soudaine-*

ment... Je note alors les sensations créées par cette contraction (20 secondes). *Je reprends une seconde fois cet exercice... puis une troisième fois...*

Et je passe à la position assise... J'observe la détente plus profonde et le lâcher-prise qu'occasionne cette position de repos (20 secondes). *Je perçois le contact avec la chaise, avec le sol* (15 secondes).

J'effectue maintenant ma sophronisation (enregistrer ici le texte de la sophronisation de la deuxième ou troisième séance, qui inclut la détente corporelle et la détente mentale au bord du sommeil).

Après cette sophronisation, je visualise l'objet neutre... Après quelques secondes, j'essaie de visualiser cet objet de la nature tout en restant pleinement conscient de mes sensations corporelles... J'opère ainsi une double concentration qui intensifie ma détente mentale (30 secondes).

En prenant tout mon temps et avec réellement un minimum d'effort, je repasse à la position debout (5 secondes). *Je retrouve un juste équilibre en disposant correctement mes pieds... J'inspire alors mais sans chercher à remplir totalement les poumons... Souffle bloqué, j'effectue un haussement d'épaules assez rapide* (7 secondes environ), *puis j'expire en relâchant tout... Et je prends conscience des sensations créées par cet exercice ; les plus fortes comme les plus fines, les plus externes* (au niveau de la peau) *comme les plus internes* (au niveau des muscles ou des viscères) (20 secondes). *Sans perdre ce contact avec ces sensations, je me laisse redescendre tout au bord du sommeil* (30 secondes). *Je retrouve l'objet neutre durant quelques instants...*

Je reprends l'exercice une seconde fois (une dizaine de secondes en tout). *Je me mets à nouveau à l'écoute de ma corporalité, activée par cet exercice* (20 secondes). *Descente au bord du sommeil* (30 secondes).

Je renouvelle ce processus une dernière fois (1 minute en tout). *Puis, je place une main sur le ventre, à peu près à la hauteur du nombril et l'autre dans le dos, au niveau des reins... Entre mes deux mains, je me sens respirer, je me sens volume... Je m'efforce de ne pas modifier mon respir mais bien de le laisser aller librement* (30 secondes). *Je relâche les bras le long du corps... mais je reste en contact avec cette région du corps qui, peu à peu, s'éveille à ma conscience* (15 secondes).

Je place ensuite une main sur le thorax et l'autre entre les omoplates... Entre mes mains, je me sens respirer, je me sens exister (30 secondes)... *Je relâche les bras mais je reste en contact avec cette région de moi-même qui s'éveille à ma conscience* (15 secondes).

Je place une main au niveau du creux de l'estomac (base du sternum) *et l'autre main au milieu du dos... Entre mes mains, je me sens respirer, je me sens être* (30 secondes)... *Je relâche les bras et je demeure conscient de cette partie de mon corps qui s'éveille à ma conscience* (15 secondes).

Je perçois maintenant ces trois régions que je viens de conscientiser... Je me sens respirer de partout... Je sens ces trois parties du corps reliées l'une à l'autre... Je suis toute respiration...

Doucement, je m'asseois... Je savoure alors toutes les sensations récupératives qui se manifestent (20 secondes). *J'approfondis la détente du visage et des mâchoires, des épaules et de la nuque, des bras et des mains, du dos et du thorax, des hanches et des jambes...*

Je retrouve le plan le plus profond du niveau sophro-liminal, grâce à ma concentration sur les expirs (30 secondes). *Dans ce niveau de conscience, je me remémore un souvenir très agréable, très positif... Je visualise tous les détails de cette scène... Je m'imprègne de tout ce qu'elle contient de positif* (1 minute environ). *Je reprends conscience de mon corps ici et maintenant* (15 secondes). *Je visualise une seconde fois ce souvenir* (1 minute)... *Contact avec les sensations corporelles* (15 secondes). *Je revis une troisième fois le souvenir agréable* (1 minute). *Je retrouve mon corps dans l'instant présent* (15 secondes). *J'observe également tout le positif qui est moi* (15 secondes).

Lorsque je le désire, j'amplifie mon respir pour ensuite bouger progressivement mon corps et enfin, retrouver toute mon énergie musculaire... Je n'ouvre les yeux qu'au dernier moment, lorsque je me sens bien réveillé.

F. Se libérer des peurs et des phobies

Une extension de la sophro-correction sériée permet de se défaire de certaines peurs ou phobies. Précisons d'emblée que l'on ne doit pas essayer de supprimer du jour au lendemain une phobie grave. Des phobies importantes telles la peur de la foule, la peur du vide doivent être abordées prudemment, car généralement la phobie est la cristallisation d'une angoisse. Ainsi, en supprimant la phobie on risque fort de voir naître une angoisse ou une maladie qui en sera l'expression. Si vous avez une phobie assez forte, contentez-vous pendant plusieurs mois de pratiquer régulièrement la sophronisation et la relaxation dynamique. La sophrologie va alors vous aider à mieux vivre cette phobie et à en diminuer les effets négatifs. Puis pratiquez la sophro-correction sériée telle que nous la proposons dans la partie pratique. Au bout de quelques semaines, transformez cette technique de la façon suivante : après avoir visualisé le souvenir agréable, au lieu de prendre conscience de votre corps, visualisez un petit fait de la vie quotidienne que vous vivez mal (passer sous une échelle, faire une démarche...). Lorsque cette visualisation commence à créer un malaise, reprenez immédiatement le souvenir agréable. Imprégnez-vous de tout le positif dont il est chargé, puis retrouvez le petit fait désagréable et recommencez plusieurs fois ce va-et-vient du souvenir au fait négatif. Pratiquez régulièrement cet exercice durant plusieurs semaines. Vous pouvez, durant cet entraînement, choisir une petite peur : araignée, souris... Et un jour, venez-en à visualiser votre vraie phobie. Ne le faites que si l'intensité de la phobie a bel et bien diminué depuis le début de votre pratique.

Si nous prenons tant de précautions avec cet exercice, c'est tout simplement parce qu'il est très efficace. Répétons-le, une phobie très forte doit être respectée et surtout abordée très progressivement. Si vous tenez compte de ces indications, vous gagnerez en assurance et votre phobie n'engendrera plus aucune angoisse.

Etudiez bien cet exercice ; vous découvrirez qu'il peut être utilisé pour la résolution de nombreux problèmes.

G. Se libérer du trac

Il suffit, comme précédemment, de visualiser un souvenir très agréable puis, lorsque l'on se sent bien calme, de visualiser la rencontre, l'examen ou la situation que l'on redoute. On effectue plusieurs fois ce va-et-vient : visualisation du souvenir, visualisation de l'événement. On imprègne ainsi l'événement générateur de trac ou d'angoisse de tout le positif contenu dans le souvenir.

Ceux qui ont du mal à trouver un bon souvenir peuvent s'imaginer dans un lieu merveilleux (paysage de montagne, de bord de mer ou de campagne) où ils se sentent en parfaite harmonie avec eux-mêmes ; ils peuvent aussi inventer ce lieu et en faire un endroit idyllique. Plus cette image est belle et plus elle aura un pouvoir relaxant capable de supprimer le trac ou l'angoisse.

CHAPITRE VII

Protégez votre sommeil

« L'effort pour dormir écarte le sommeil. »

Alain

1. Physiologie du sommeil

Le sommeil occupe le tiers de notre existence, c'est-à-dire 24 années pour une espérance de vie de 72 ans. Ce chiffre dénote l'importance d'un bon sommeil dans le maintien de l'équilibre psychosomatique. Le sommeil fait partie des besoins essentiels de l'homme juste après l'alimentation solide et liquide et l'absorption d'air, d'oxygène et d'énergie vitale. C'est pour cette raison qu'un manque de sommeil ou une altération de sa qualité contribuent à l'apparition de certaines maladies (infections, asthénie, nervosité...) et en entretiennent d'autres (dépression, état agressif...).

Nous passons, chaque nuit, par deux types de sommeil : le sommeil lent et le sommeil paradoxal. Le sommeil lent est caractérisé par une respiration calme, régulière ; le corps est au repos, immobile. Il se détend. On divise ce sommeil en 4 degrés de profondeur : sommeil léger, moyen, profond et très profond. Au contraire, durant le sommeil paradoxal, la respiration est irrégulière, le visage se contracte, les yeux roulent rapidement sous les paupières. On appelle pour cela cette phase, la phase R.E.M. (1) ; elle occupe 20 % de la durée du sommeil. Les rêves sont particulièrement abondants. On suppose d'ailleurs que ces mouvements rapides des yeux sont en rapport avec le vécu du rêve. Des études sur l'homme ont clairement défini la phase R.E.M. comme la phase vitale du sommeil. On pense actuellement qu'à travers le besoin de phase R.E.M., c'est le besoin de rêves qui s'exprime. Supprimer la fonction onirique, c'est détruire cette merveilleuse soupape de sûreté de notre inconscient (2). Bien que des expériences de privation du sommeil pendant 2 semaines n'aient pas provoqué d'effondrement psychologique, le sujet devient néanmoins anxieux et irritable. Il est prévisible qu'un individu privé de phase paradoxale (donc de rêves) durant une durée plus longue en viendrait spontanément à rêver pendant les heures de veille pour compenser ce manque.

Tout au long de la nuit, cette phase paradoxale augmente tandis que la phase de sommeil lent qui la précède diminue sensiblement. Chaque cycle (c'est-à-dire une phase de sommeil lent plus une phase R.E.M.) dure entre 90 minutes et 2 heures. Il y a donc 5 cycles par nuit. Certains chercheurs pensent d'ailleurs que ce rythme de 2 heures subsiste durant la journée, ce qui expliquerait les hauts et les bas que nous avons durant la veille. Les personnes qui ont un sommeil fragile doivent surveiller attentivement le début d'un cycle (qui se manifeste par le besoin de dormir) quand arrive l'heure de se coucher. Si elles ne profitent pas de ce moment propice pour se mettre au lit, elles risquent d'être obligées d'attendre deux nouvelles heures avant de ressentir l'envie de dormir. En se couchant au moment où l'on sent venir le sommeil, on respecte ses rythmes vitaux et on se met à l'abri de l'insomnie.

2. Les troubles du sommeil

Un sommeil insuffisamment réparateur (trop court ou trop peu profond) engendre progressivement une tension nerveuse.

1. Rapid eyes movements : mouvements rapides des yeux.
2. Voir l'ouvrage de Pierre Fluchaire : *La Révolution du rêve* (Éditions Dangles).

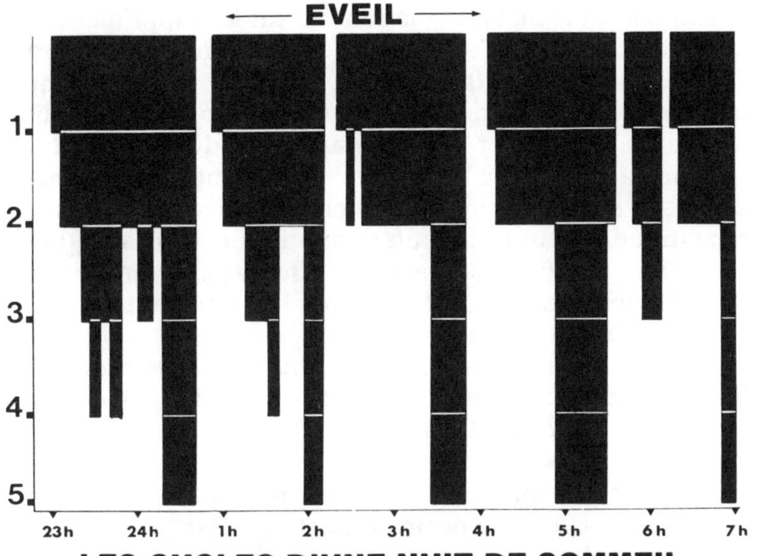

LES CYCLES D'UNE NUIT DE SOMMEIL

Le sommeil normal comporte plusieurs éveils, généralement à l'issue d'un rêve.
1. Sommeil très léger. 2. Sommeil léger. 3. Sommeil profond. 4. Sommeil très profond. 5. Sommeil paradoxal (rêve).
(Schéma extrait du livre de P. Fluchaire : *Bien dormir pour mieux vivre*, Éditions Dangles.)

Celle-ci ouvre une porte aux maladies car il existe, ainsi que le note Selye, un rapport entre le degré de vitalité et la faculté d'adaptation. Or, en créant une tension nerveuse on abaisse notablement la vitalité de l'organisme. Un corps affaibli est beaucoup plus sensible aux microbes car ses défenses sont atteintes. Il faut donc préserver la qualité du sommeil.

La mauvaise réponse à une insomnie partielle ou totale consiste à absorber des somnifères ou, pire, des barbituriques. Si ce type de médicament peut se révéler utile lors d'un grave choc ou d'un stress important afin d'affronter avec plus de lucidité une situation donnée, il est à proscrire dans la majorité des cas. William C. Dement, spécialiste du sommeil, affirme que les pilules pour régulariser le sommeil sont la véritable cause de sa profonde perturbation. Ces médicaments créent rapidement une accoutumance qui oblige à augmenter les doses sans apporter pour cela un meilleur sommeil. On doit donc éviter d'avoir recours à ce genre de traitement. Si le mal est déjà fait, il faut les supprimer très progressivement : réduire d'abord d'un quart de médicament sa dose habituelle pendant 8 à 10 jours ; au bout de ce laps de temps, on réduit d'un nouveau quart pendant une même période et ainsi de suite jusqu'à n'absorber qu'un quart de médicament. On prend alors cette faible dose un jour sur deux (pendant une semaine), puis un jour sur trois, etc. Parallèlement à ce déconditionnement thérapeutique, il faut opérer un déconditionnement mental. Dans le cas présent, pour l'insomniaque, pilule égale sommeil, pas de pilule égale insomnie. On utilise donc l'autosuggestion répétant, par exemple matin et soir, les phrases suivantes : *« Je me passe très bien de mes somnifères et dors néanmoins d'un profond sommeil. » « Grâce à la relaxation, je retrouve un sommeil réparateur et mes pilules deviennent inutiles. »*

Il faut savoir que les somnifères ne procurent pas un bon sommeil ; celui-ci est moins profond et sa phase paradoxale diminue considérablement. Les barbituriques, en supprimant cette phase essentielle, favorisent l'apparition des cauchemars. Ceux-ci sont une réaction de l'organisme qui ressent un besoin vital de phase paradoxale. Les barbituriques ont de plus l'inconvénient de faire baisser la tension, de créer de l'anxiété, de l'irritabilité et de diminuer la faculté de concentration (on retrouve ici les mêmes effets que l'alcool). Enfin — et surtout ! — ces médicaments s'éliminent très lentement de l'organisme. Une année de barbituriques demandera jusqu'à 3 ans d'élimination. Tranquillisants et somnifères rendent l'individu dépendant ; ils n'amènent aucune prise en charge de l'individu et de ses problèmes par lui-même. Or, comme le souligne souvent le docteur Davrou, le but à moyen ou à long terme de la sophrologie est l'autonomisation de l'individu.

3. Les causes de l'insomnie

Il faut distinguer les causes accidentelles (problème grave aigu, choc affectif, stress important mais passager...) et les causes profondes liées, elles, à une mauvaise hygiène physique ou mentale et à une mauvaise adaptation aux problèmes de toute sorte.

Des excitants tels le café, le thé, l'alcool mais aussi le tabac agissent négativement sur notre système nerveux. De plus, thé et café ont une action à moyen terme. Ainsi la tasse de thé de 17 heures peut-elle être responsable de la difficulté d'endormissement de 22 ou 23 heures. Un repas trop lourd, trop arrosé ou trop tardif peut, dans certains cas, contrarier la venue du sommeil.

Il y a aussi les excitants de l'esprit que sont les lectures trop passionnantes, les films impressionnants, les discussions vives, les réflexions trop intenses, l'activité intellectuelle trop forte car, ne l'oublions pas, le sommeil se prépare pendant la phase qui précède l'endormissement. Avec la tombée du jour les activités se ralentissent. La baisse de la luminosité atténue déjà les stimulations visuelles, de même que la fermeture des volets diminue l'intensité des bruits extérieurs. Le corps lui-même ralentit ses mouvements car le sommeil n'est pas compatible avec une activité sensorielle importante. W.C. Dement explique que le fait d'entrer dans une chambre paisible, d'enlever des vêtements trop gênants, de s'allonger et de fermer les yeux provoque une extraordinaire réduction des stimulations sensorielles. « *Alors, en l'absence de tout message sensoriel, l'activité de notre système nerveux tombe passivement en dessous d'un seuil critique donné et le sommeil s'ensuit tout naturellement* (3). » Dormir c'est perdre contact avec son environnement, c'est se désintéresser. Nous allons voir comment amener le sommeil en diminuant la perception des sensations corporelles.

Pour que le sommeil soit de bonne qualité, l'air de la chambre à coucher doit être changé régulièrement. Y recevoir des amis et y fumer saturent l'air en gaz carbonique et en ions dévitalisants. En définitive, la chambre devrait être réservée au seul usage du repos.

4. Retrouver un bon sommeil

La préparation au sommeil ressemble point par point à la préparation à la relaxation : recherche d'un endroit calme, atté-

3. William C. Dement : *Dormir, rêver* (Le Seuil).

nuation des bruits, immobilisation du corps, fermeture des yeux, intériorisation, oubli des problèmes et soucis. On s'endort, en fait, grâce à une relaxation physique et mentale. On a d'ailleurs constaté que les personnes atteintes d'un trouble du sommeil avaient aussi beaucoup de difficultés à se détendre. Le relaxologue Jacobson affirme que la tension musculaire est la cause essentielle de l'insomnie. Cette maladie est pour lui directement liée aux tensions — conscientes ou non — de nos muscles. Par ailleurs, Pierre Fluchaire affirme qu'une insomnie (passagère sans doute) ne résiste pas à un quart d'heure d'immobilité (4). Cela est sans doute vrai mais à condition qu'il y ait aussi immobilité de l'esprit, car la rumination incessante de problèmes ou d'idées noires crée un état d'énervement qui contrarie la venue du sommeil.

La relaxation et l'imagerie positive influent sur la qualité du sommeil. Une élève de 82 ans nous a exprimé sa joie de pouvoir à nouveau dormir 6 à 7 heures par nuit au lieu d'1 ou 2 heures avant sa rencontre avec la sophrologie. Le seul entraînement aux relaxations statique et dynamique suffit dans certains cas à restaurer le sommeil. Les insomniaques doivent penser tout particulièrement à relaxer la région des yeux et l'organe vocal, car ceux-ci sont étroitement liés à la pensée et à l'activité mentale. Or, l'endormissement sous-entend une mise au repos du mental, un désintéressement intellectuel.

L'insomniaque doit éviter de polariser son attention sur son problème, surtout lorsqu'il est au lit. Le professeur Dietrich Langen conseille plutôt d'adopter une attitude positive vis-à-vis de son manque de sommeil et de traiter son insomnie avec une certaine indifférence. Schultz souligne l'importance de la passivité : *« Cherche-t-il à provoquer activement le sommeil, le sujet, par son activité même, contredit le principe du sommeil qui est la passivité... Qui veut dormir reste éveillé. Il s'agit bien plutôt de céder au penchant, à la passivité, d'acquiescer au laisser-aller. »*

Voici un exercice qui a fait ses preuves dans les cas d'insomnies légères ou de difficultés d'endormissement. On s'allonge confortablement dans son lit et, les yeux fermés, on se met à l'écoute des bruits extérieurs les plus lointains sans les juger ni les interpréter (30 secondes au moins). On écoute ensuite les bruits les

---

4. Pierre Fluchaire : *Bien dormir pour mieux vivre* (Éditions Dangles).

plus proches (30 secondes). On peut alors effectuer 3 respirations profondes (avec une courte phase poumons pleins) en s'attachant surtout à expirer le plus lentement possible, comme si on voulait que l'expiration n'en finisse pas. Puis on laisse revenir sa respiration normale pour prendre conscience des sensations de contact : contact avec le lit (30 secondes), contact avec les draps ou les vêtements (60 secondes), contact de l'air sur le visage (30 secondes). On perçoit ensuite les sensations internes (chaleur, picotements, détente...) pendant 1 à 2 minutes. Enfin on observe sa respiration : le ventre et le thorax se lèvent très légèrement à l'inspir et redescendent à l'expir (1 minute). Puis on perçoit l'air qui entre dans les narines, légèrement frais à l'inspir, un peu plus chaud à l'expir. On se concentre sur cette double sensation thermique (une ou plusieurs minutes). Si on ne dort toujours pas, on suit attentivement le trajet de l'air à l'intérieur des fosses nasales, depuis l'entrée des narines jusqu'à la partie la plus haute des narines à l'inspiration, depuis le haut des narines jusqu'à l'entrée des narines à l'expiration. André Van Lysebeth conseille même d'imaginer la vapeur d'eau qui sort des narines à l'expir. Cette concentration doit être obtenue sans effort. Il faut simplement « poser » son attention à l'intérieur des narines et observer ce qui s'y passe ; c'est comme si notre attention était véhiculée par l'air. Quand cet exercice ne parvient pas à provoquer le sommeil, il apporte néanmoins un grand calme intérieur et évite la naissance de tensions nerveuses.

*

* *

PARTIE PRATIQUE N° 6

A. Sophronisation avec enracinement

Cette séance commence par un enracinement. On observe la position des pieds par rapport au sol et on la rectifie de manière à équilibrer de façon parfaite le poids du corps sur les trois points d'appui du pied. Ces points d'appui sont la base du gros orteil, la base du cinquième orteil et le talon. En se positionnant ainsi, on note généralement l'apparition de deux réflexes : un réflexe de détente avec bâillements et un réflexe d'étirement. Nos élèves ont observé que cet exercice engendrait un bien meilleur équilibre tant physique qu'émotionnel et mental. En effet, la façon dont quelqu'un se tient sur ses pieds nous renseigne très précisément sur sa psychologie. « *Notre rapport à la réalité,* disent Kurtz et Prestera, *se traduit dans le contact de nos pieds avec le sol... Les pieds sont la base de notre structure tout entière et transmettent leurs propres insuffisances vers le haut* (5). » Ces auteurs expliquent le lien très étroit entre la psychologie d'un individu, ses pieds et la façon dont il se tient debout. On peut ainsi, en observant une paire de pieds, découvrir que la personne est timide, intransigeante, rigide, névrosée, sans énergie... En rectifiant la statique de ses pieds, il intervient donc directement sur sa façon d'être et d'agir.

B. Relaxation de la nuque

La nuque étant un carrefour important de notre corps, il est primordial de la relaxer profondément. Or, dans la vie quotidienne (travail, bureau, voiture...), elle est placée dans de mauvaises positions qui engendrent de nombreuses tensions. Des tensions trop fortes contrarient la bonne circulation du sang vers la tête, ce qui peut causer certains troubles (migraines, céphalées...). De plus, en libérant la nuque on facilite l'échange énergétique entre notre partie affective et notre partie intellectuelle.

---

5. Ron Kurtz et Hector Prestera : *Ce que le corps révèle* (Le Hameau).

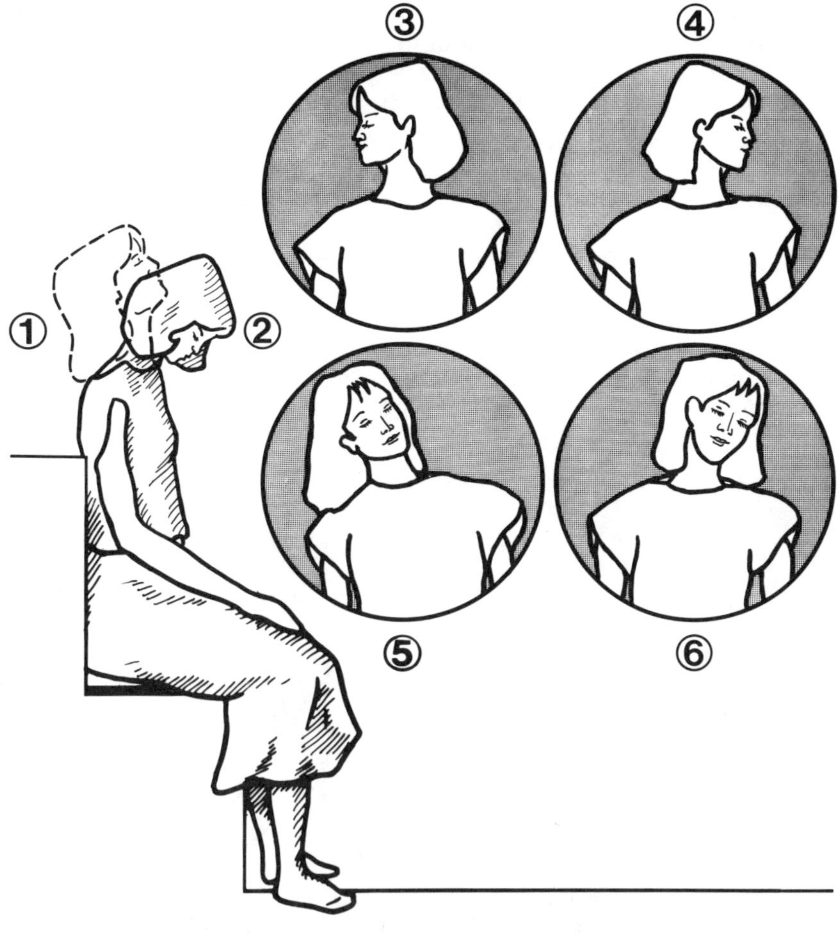

L'exercice consiste à incliner doucement la tête en avant (sans courber le dos) en appréciant la détente et l'étirement de la nuque, puis en arrière en cherchant surtout à pousser le menton vers le ciel. Il faut éviter de renverser la tête, ce qui créerait une cassure désagréable de la nuque. Il faut plutôt chercher à étirer le menton vers le ciel. Le mouvement est ainsi très bénéfique pour les vertèbres cervicales. L'ensemble de ces exercices supprime d'ailleurs les douleurs arthrosiques de cette zone du corps. On effectue ensuite un mouvement de torsion, tournant la tête vers la droite (sans bouger les épaules), puis vers la gauche.

Là aussi on évite de forcer. Enfin on fait un mouvement latéral, laissant retomber la tête doucement vers la droite (l'oreille se rapproche de l'épaule), puis vers la gauche. Chacun de ces exercices est effectué au moins trois fois.

C. Rotation du buste

La rotation du buste est un exercice d'activation sensorielle. Debout, on tourne le buste et la tête assez rapidement de droite à gauche et de gauche à droite en laissant bras et mains totalement libres et relaxés. Les mains viennent « claquer » contre les hanches ou les fesses. Cet exercice provoque une détente du tronc et des membres supérieurs.

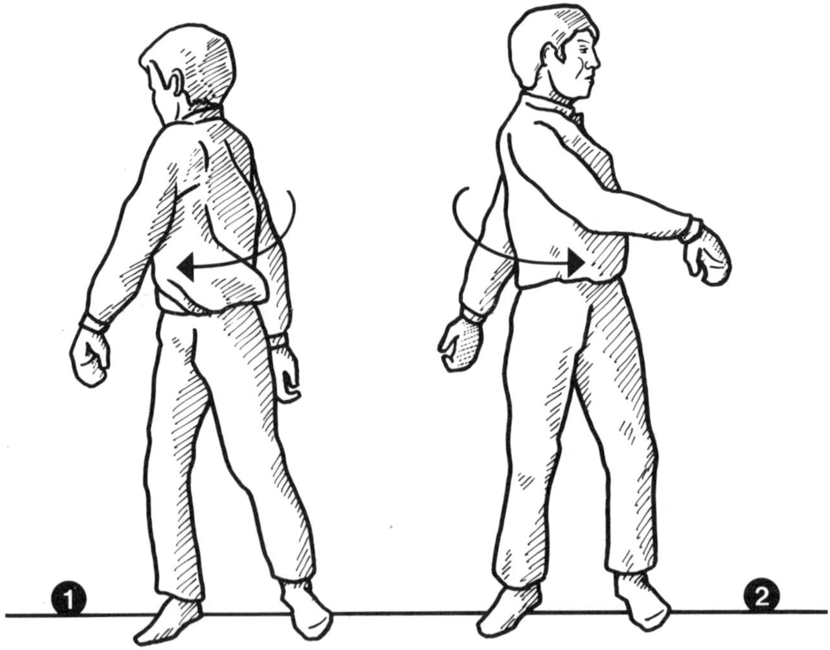

D. Protection sophro-liminale du sommeil

La protection sophro-liminale du sommeil est une extension de la sophro-acceptation progressive appliquée à l'insomnie. Il s'agit de se déconditionner de l'image négative que l'on a de son sommeil. On s'imagine donc le soir juste avant de se coucher, entrant dans la chambre. On se visualise calme, détendu. On visualise tous les gestes qui précèdent l'endormissement : le déshabillage, la lecture... On imagine clairement ce rituel important, puis on se voit en train de se coucher, d'éteindre la lumière. On se voit respirer calmement. On peut même s'imaginer en train de répéter un mot calme et paisible à chaque expiration (sophro-respiration synchronique). On aperçoit son corps s'engourdir et peu à peu sombrer dans le sommeil. On visualise quelques instants ce sommeil calme, profond et réparateur. Enfin, on s'imagine au petit matin, se réveillant en pleine forme, bien reposé. On se voit s'étirant, bâillant avec plaisir comme à la fin d'une bonne relaxation. On se sent plein d'énergie.

La protection sophro-liminale est une aide appréciable dans le rétablissement d'un bon sommeil. Elle permet aussi de recréer une image positive de son sommeil et de se détacher des expériences négatives liées à cette fonction.

E. Texte à enregistrer

En position debout, j'écarte les pieds de la largeur du bassin et les place parallèles entre eux. Les yeux fermés, je prends conscience de ma corporalité au présent (15 secondes). *Je me concentre maintenant sur le pied droit et j'observe comment il s'appuie sur le sol* (10 secondes). *Puis, si c'est nécessaire, je rectifie son contact avec le sol de telle façon qu'il soit appuyé de façon égale sur ses trois points d'appui, que sont la base du gros orteil, la base du cinquième orteil et le talon* (quelques secondes). *Je vois alors apparaître deux réflexes : un réflexe de détente avec bâillement et un réflexe d'étirement* (5 secondes).

Je concentre mon attention sur le pied gauche afin d'observer s'il s'appuie plus sur l'avant, l'arrière, le côté droit ou le côté gauche... Puis, je rectifie... Je retrouve alors les deux réflexes (5 secondes).

Je concentre mon attention sur les deux pieds et j'équilibre le poids de mon corps de façon égale sur les deux pieds

(10 secondes). *Je me sens enraciné dans le sol, parfaitement stable...*

Maintenant, je me sophronise... (reprenez ici la sophronisation proposée lors de la partie pratique n° 4).

Après cette sophronisation, je savoure cette possibilité de me relaxer en position debout et d'être pleinement présent à mes sensations internes (15 secondes).

Je m'asseois très doucement et je me mets à l'écoute des sensations très agréables que fait naître cette position de repos (30 secondes).

Puis, je laisse doucement ma tête s'incliner en avant... La nuque s'étire, s'allonge... Après une ou deux secondes d'immobilisation, je relève doucement la tête pour la renverser en cherchant surtout à étirer le menton vers le ciel... Je sens le cou qui s'étire... Puis je reviens... Je recommence deux autres fois ce double mouvement en conservant une écoute attentive de mon corps et surtout de la nuque (40 secondes minimum).

Je vais maintenant tourner la tête vers la droite puis vers la gauche, trois fois de suite en percevant ma nuque ainsi que le déplacement de ma tête dans l'espace (1 minute)...

Enfin, j'effectue le mouvement latéral, droite, gauche, en prenant conscience de l'étirement qu'il provoque (1 minute).

Quelle perception ai-je de mon cou et de ma nuque, ici et maintenant ? (20 secondes). *Quelle perception ai-je de mon corps tout entier ?* (20 secondes).

Je visualise maintenant l'objet neutre avec toujours plus de précisions... Cette visualisation ne m'empêche pas de percevoir mes sensations corporelles (30 secondes). *Puis en continuant de visualiser cet objet neutre, je reprends doucement la position debout* (5 secondes). *Je retrouve l'équilibre sur les deux pieds... L'objet neutre s'estompe...*

J'effectue la rotation du buste... En respiration libre, je tourne le buste de droite à gauche et vice versa *en laissant les bras et les mains totalement libres* (20 secondes). *J'arrête ce mouvement pour entrer en contact avec les sensations qu'il vient de créer* (20 secondes)... *Je reprends la rotation du buste une seconde fois* (20 secondes), *toujours suivie de la période de récupération, puis une troisième fois...*

Je m'asseois alors, afin d'intensifier ma détente et de mieux la savourer (30 secondes). *Je concentre mon attention sur les expirations et je me laisse redescendre dans le plan le plus profond du niveau sophro-liminal* (2 minutes). *Je me sens maintenant tout au bord du sommeil mais toujours éveillé...*

Je m'imagine maintenant entrant calmement dans ma

chambre... Je sens en moi une envie irrésistible de dormir... Je me vois me déshabillant, puis lisant ou simplement faisant tous les gestes qui précèdent la mise au lit (1 minute).

Puis, je m'imagine en train de me coucher... d'éteindre la lumière... Je me vois calme, détendu... Je prolonge ce calme en répétant intérieurement à chaque expiration, un mot calme et positif (1 minute).

Je me visualise maintenant au beau milieu de la nuit, dormant profondément (1 minute).

Enfin, je m'imagine le matin, me réveillant en pleine forme physique et mentale (1 minute).

Je reviens au présent, prendre conscience de tout le positif qui est moi... Et en restant imprégné de tout ce positif, je respire plus profondément pour ensuite bouger progressivement mes articulations et enfin réveiller tout mon corps avec un réel plaisir...

CHAPITRE VIII

Relaxation dynamique : deuxième et troisième degrés

« C'est avec notre passé tout entier que nous désirons, voulons, agissons. »
Bergson

« La méditation, c'est vivre dans la liberté inconditionnelle et dans la relaxation de l'innocence. C'est aussi se trouver relié à toute chose par la grâce de l'indescriptible beauté de cette innocence. »
Vimala Thakar

1. Le deuxième degré : affiner la perception du corps

Avec ce second degré, nous intensifions la perception de notre corps grâce à un certain nombre d'exercices. Tout d'abord nous allons apprendre à visualiser notre corps. En sophronisation, que l'on soit assis ou debout, on apprend à visualiser son corps dans la position où il se trouve, aussi bien de près que de loin. On le voit entouré des objets qui se trouvent dans cette pièce. Alors qu'au premier degré on prenait conscience de son corps depuis l'intérieur, ici on le perçoit aussi depuis l'extérieur. On fait ainsi l'expérience que notre conscience est illimitée puisqu'elle a la faculté de s'extérioriser. Cet exercice apporte une meilleure appréciation de notre corporalité. On peut ainsi découvrir une mauvaise position du corps ou de la colonne vertébrale. Cette « autovisualisation » engendre aussi une meilleure acceptation du schéma corporel. En l'acceptant, nous l'intégrons mieux dans notre personnalité.

Pour affiner cette perception du corps, nous travaillons sur les cinq sens. Ces exercices nous font entrer encore plus profondément dans notre univers corporel ; ils provoquent une intériorisation remarquable. Ils ont de plus une action équilibrante et harmonisante au niveau cérébral (voir Vittoz).

C'est aussi lors de ce deuxième degré que nous positivons le paramètre du passé : **ce que nous sommes aujourd'hui est déterminé par ce que nous avons vécu jusqu'alors.** Les expériences multiples — bonnes ou mauvaises — par lesquelles est passé un individu sont responsables de son comportement présent ; ainsi l'image qu'il a de son passé conditionne-t-elle ses potentialités actuelles. Les activations intra-sophroniques sur le passé l'amènent à reconsidérer la vision qu'il a de sa vie. Il découvre de nombreux souvenirs positifs alors que, peut-être, il pensait que son existence était une suite ininterrompue de souffrances. Il retrouve avec plaisir des moments très agréables et il relativise ainsi les moments pénibles. C'est d'ailleurs l'intérêt essentiel de ces exercices : dédramatiser les faits pénibles de l'existence. En recherchant systématiquement tout ce qui a pu être positif dans la vie, on diminue considérablement l'intensité des souvenirs désagréables. Caycedo pense qu'en revivant régulièrement, en relaxation, des moments ou des journées très agréables, on agit positivement sur les moments désagréables qui ont eu lieu durant cette même période. On colore ainsi positivement le passé. Comme en agissant positivement sur une partie de la conscience (ici le passé), on agit positivement sur l'ensemble de la conscience (présent et futur), ces exercices accroissent la qualité de la vie présente. Celle-ci déterminant le futur, c'est bien toute notre existence qui se trouve positivée.

On peut dire que la sophrologie est l'inverse d'une psychanalyse puisque, au lieu de rechercher dans le passé le négatif responsable des problèmes actuels, on s'efforce au contraire de revivre le positif afin de repartir sur de nouvelles bases. Pour Yves Davrou, le second degré est un moyen extraordinaire pour permettre aux individus le développement de leur personnalité, par dynamisation de leur potentiel sous-jacent.

2. Le troisième degré : être ici et maintenant

Ce degré est une occidentalisation de la pratique du za-zen. Avec le second degré nous apprenons à dynamiser le positif au niveau du passé ; ainsi sommes-nous plus apte à vivre l'instant présent car le poids négatif du passé ne pèse plus sur le présent. Avec les exercices de positivation du futur (sophro-acceptation progressive, futurisation positive...), nous supprimons les peurs liées à une appréhension de l'avenir. Le résultat de ce travail est un meilleur vécu du présent. Eh bien, avec ce troisième degré, nous renforçons encore plus notre présence au monde ! Nous devenons encore plus conscient.

Il est à la fois simple et difficile de parler de méditation. Simple parce que, avec notre intelligence, nous pouvons aisément manier les concepts, les idées. Difficile parce que, avec la méditation nous sortons du domaine de la pensée pour entrer dans celui de la conscience pure. On peut d'abord se demander : « *Qu'est-ce que la méditation ?* » Ce qui complique la connaissance de la chose, c'est que les définitions données en Occident sont à l'opposé de celles formulées par les Orientaux. Pour l'Occidental, méditer c'est réfléchir intensément sur un sujet ou sur lui-même ; la méditation est là le couronnement de la pensée. Pour l'Oriental (yogi, moine bouddhiste, tibétain, zen...), méditer c'est se mettre dans un état de tranquillité et d'intériorisation qui engendre un calme mental parfait. Le méditant oriental essaie de couper toute activité intellectuelle ou mentale afin de vivre l'instant présent avec beaucoup d'acuité. En vivant de façon parfaite l'instant présent, il voit naître en lui une sérénité intemporelle. C'est l'épanouissement ultime (1).

L'Oriental ne refuse pas la pensée. Simplement, il ne la considère que comme un outil, un outil merveilleux qui doit être mis au service de la conscience. Il faut donc, dans un premier temps,

1. Voir l'ouvrage de V.-R. Dhiravamsa : *L'Attention, source de plénitude* (Éditions Dangles).

contrôler cet outil — c'est le but de la concentration — et, dans un second temps, pouvoir l'arrêter lorsqu'elle n'est pas absolument nécessaire ; c'est le résultat d'une pratique intensive de la méditation. Il faut donc que la pensée cesse d'être cette activité désordonnée et incontrôlée car elle nous coupe alors de notre réalité profonde qui est amour, paix et joie.

Précisons d'emblée qu'atteindre cet éveil libérateur de la conscience n'est possible qu'après une longue ascèse. Le troisième degré de la relaxation dynamique n'est donc qu'une approche dont les buts à moyen terme sont un ralentissement du rythme des pensées et une meilleure présence à soi-même, aux autres et au monde. A long terme, la pratique de la méditation développe l'intuition. L'intuition est une perception directe de la vérité sans l'intervention de la pensée. Les êtres intuitifs connaissent immédiatement la réponse à un problème sans avoir recours à la réflexion. L'homme spirituel ou religieux voit, au cours de son ascèse, cette fonction se développer. Il appréhende la vérité et la réalité des choses instantanément.

A court terme, la posture du za-zen confère une bonne statique à la colonne vertébrale. A notre époque, sous le prétexte fallacieux du bien-être, on conçoit des sièges et des fauteuils de moins en moins anatomiques. Si les canapés profonds donnent un instant l'illusion d'une détente corporelle, ils engendrent très vite un mal-être général : difficulté respiratoire, mauvaise digestion, douleurs dorsales et cervicales... Les sièges des voitures contribuent eux aussi à la déformation de la colonne vertébrale. Les sièges modernes cyphosent la colonne vertébrale et détruisent ainsi peu à peu l'équilibre de cet axe vital.

La posture du troisième degré — appelée posture anatomique — corrige merveilleusement bien les défauts de maintien. En plaçant correctement la colonne vertébrale, on facilite la circulation du sang, de l'influx nerveux et de l'énergie vitale. On détermine aussi une attitude mentale positive. Être tassé, voûté et courbé n'a jamais produit de sensations d'euphorie ! Un des soucis actuels de l'homme — et sans doute encore plus de la femme — c'est de prolonger sa jeunesse, de préserver sa force et son énergie. Or, en laissant sa colonne vertébrale se déformer, il favorise le vieillissement de tout son être. Une colonne vertébrale saine est une des clefs de la santé psychosomatique et de l'équilibre mental.

PARTIE PRATIQUE N° 7

A. Exercice du deuxième degré

Après une sophronisation en position assise, suivie d'une autovisualisation, on effectue le premier exercice dynamique du deuxième degré. Toujours assis, les yeux fermés, on lève un bras très lentement, jusqu'à l'horizontale. On le maintient ainsi quelques instants puis on le repose très lentement en essayant de percevoir quand la main (ou l'avant-bras) va entrer en contact avec la cuisse. Puis on relâche et on observe... Cet exercice très simple nous aide à percevoir plus justement notre schéma corporel et à mieux apprécier le déplacement de notre corps dans l'espace. Nos gestes deviennent plus précis.

B. L'enracinement

Nous poursuivons, dans cette séance, le travail sur l'enracinement. L'exercice proposé est très intéressant car il engendre une grande stabilité physique qui se répercute inévitablement aux niveaux émotionnel et mental. Nos élèves ont tous apprécié cet exercice qui, en modifiant positivement notre rapport avec la Terre, transforme notre comportement corporel et relationnel.

C. Exercice du coup de poing

L'exercice du coup de poing est un travail de relaxation différentielle. Après avoir fait tourner le bras (poing fermé), on le projette en avant, à l'horizontale et on le maintient levé. Tout en conservant cette tension musculaire, on approfondit la relaxation de tout le corps et on se laisse descendre au bord du sommeil. Cet exercice nous apprend à vivre une tension musculaire sans pour cela affecter le reste du corps. Il est utilisé en préparation à l'accouchement. Ainsi, durant l'accouchement, la femme est en mesure de vivre les contractions sans créer pour autant des tensions dans les autres régions. Elle économise ainsi sa force et son énergie nerveuse.

Dans la vie quotidienne, nous avons l'habitude d'utiliser beaucoup de muscles pour un faible effort. Au lieu de ne

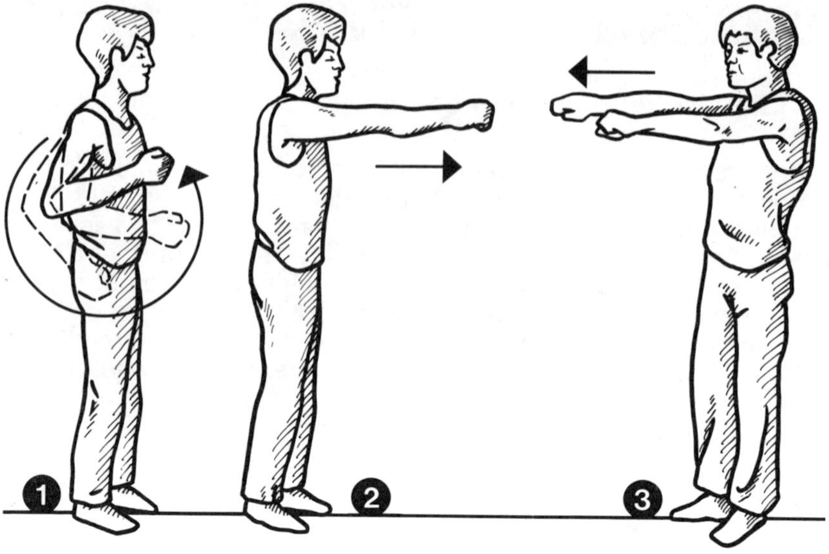

contracter que les seuls muscles nécessaires à cet effort, nous en utilisons beaucoup d'autres, par manque de concentration. L'exercice proposé est très efficace car il nous montre ce qui se contracte inutilement en nous lors d'un effort. Il nous apprend à doser le travail musculaire. Cet exercice provoque aussi un défoulement. On peut, par exemple, imaginer que l'on jette hors de soi tout le négatif lorsque l'on envoie le bras.

D. Le souvenir des trois tiers de la vie

Après la prise de conscience des cinq sens, nous travaillons sur le passé. On partage sa vie en trois parties égales (si l'on a trente ans, cela fait trois tranches de dix ans chacune). On recherche un premier souvenir positif dans le premier tiers de la vie. Après l'avoir vécu pendant au moins une minute, on en cherche un second dans le deuxième tiers de la vie puis enfin un troisième dans le dernier tiers de la vie. Contrairement à la sophrocorrection sériée où l'on prend un seul et même souvenir que l'on revit trois fois, on recherche ici trois souvenirs bien distincts. De plus, le fait de prendre un souvenir dans chacune des trois phases de notre vie nous oblige à travailler uniformément sur notre passé. Si, dans un de ces trois tiers de vie, vous avez vécu une période désagréable voire pénible, il vous sera plus difficile de trouver, dans cette phase de votre existence, un souvenir agréable parce que l'événement négatif pèse de tout son poids sur cette tranche de vie. Grâce à cet exercice, vous parviendrez peu à peu à y découvrir des moments agréables. Et ainsi, au fur et à mesure de votre entraînement, l'événement pénible perdra de sa force ; il ne pèsera plus ni sur cette période de votre existence, ni sur le présent. Cet exercice permet de faire ami-ami avec son passé et ainsi de transformer de façon positive son comportement dans l'instant présent. Il améliore la qualité de notre vie présente ; il dynamise notre potentiel de joie.

E. Texte à enregistrer

Je m'asseois très confortablement... les yeux fermés, je prends conscience de mon corps et de ma respiration dans l'instant présent (5 secondes) (effectuer ici la sophronisation de la séance n° 3).

Je laisse maintenant venir mon objet neutre naturel... Je le visualise avec beaucoup d'attention (20 secondes). *Je le laisse s'estomper peu à peu pour prendre comme objet de concentration mon propre corps dans cette position assise... Je perçois mon corps depuis l'intérieur* (sensations corporelles) *et depuis l'extérieur* (autovisualisation) (20 secondes). *Je laisse cette image de moi-même s'estomper...*

Je prends conscience de mon bras droit... Très lentement, en suivant bien son déplacement dans l'espace, je le lève jusqu'à le placer à l'horizontale (quelques secondes). *Je le maintiens ainsi levé durant 5 secondes, prenant conscience de son poids et de sa forme, puis je le repose très doucement... Et j'essaie de sentir quand la main (ou l'avant-bras) va retrouver le contact avec la cuisse* (quelques secondes). *Je l'abandonne ensuite à la pesanteur...*

J'effectue le même exercice avec le bras gauche (une trentaine de secondes), *puis avec les deux bras* (une trentaine de secondes).

Ici et maintenant, je me sens relaxé...

Je visualise alors les gestes que je vais effectuer dans quelques secondes pour passer à la position debout... Je m'imagine en train de me lever avec un minimum d'efforts et de gestes (20 secondes au moins). *Puis j'effectue réellement le geste, et j'observe s'il correspond bien à ce que j'avais imaginé* (quelques secondes).

Debout, je cherche mon équilibre... Je stabilise mon corps en fonction des trois points d'appui de chacun de mes pieds (talon, base du gros orteil, base du cinquième orteil)... Je le stabilise aussi en fonction de mes deux pieds...

Puis je concentre mon attention sur le pied droit... Je fais partir du centre de ce pied un rayon qui s'enfonce perpendiculairement dans le sol... Je l'imagine qui pénètre dans le plancher (5 secondes), *dans la terre meuble* (5 secondes), *dans la terre caillouteuse* (5 secondes), *dans les roches* (5 secondes). *Il pénètre dans les masses liquides* (5 secondes) *et il atteint le centre de la terre... Je me sens relié par ce fil invisible au centre même de la terre* (10 secondes).

Je concentre mon attention sur le pied gauche... Je fais partir du centre de ce pied un rayon qui s'enfonce perpendiculairement dans le sol... (reprendre le même travail que précédemment).

Je me sens parfaitement stable, enraciné (10 secondes).

Je prends conscience de mon bras droit... J'inspire (pas trop profondément) *et souffle bloqué, j'effectue une rotation du bras autour de l'articulation de l'épaule* (5 secondes) ; *tout en expirant rapidement, je projette mon bras vers l'avant à l'horizontale... Je le maintiens à l'horizontale, poing fermé, et je détends le visage, les mâchoires... Je détends l'épaule gauche, le bras, la main... Je détends le dos, le thorax, le ventre... Je détends les fesses, les hanches... Je supprime les tensions inutiles au niveau des jambes... Puis, je me laisse descendre tout au bord du sommeil, grâce à la concentration sur mes expirs* (30 secondes). *Je relâche doucement les doigts, le poignet et je laisse redescendre mon bras... Quelle perception ai-je de mon bras droit, ici et maintenant ?* (15 secondes). *Quelle perception ai-je de mes deux bras, ici et maintenant ?* (15 secondes).

J'effectue l'exercice avec le bras gauche (rotation, coup de poing, détente physique et mentale = 1 minute). *Puis, je le relâche doucement. Quelle perception ai-je de mon bras gauche, ici et maintenant ?* (15 secondes). *Quelle perception ai-je de mes deux bras ?* (15 secondes).

Je fais l'exercice avec les deux bras (1 minute en tout). *Puis je détends les doigts, les mains et les bras redescendent. Quelle perception ai-je de mes deux bras, ici et maintenant ?* (15 secondes). *Quelle perception ai-je de mon corps tout entier ?* (15 secondes).

Je m'asseois doucement... Et je savoure pleinement toutes

les sensations de récupération que crée cette position de repos (20 secondes). *Tout en gardant ce contact avec les sensations corporelles, je me laisse descendre dans le plan le plus profond du niveau sophro-liminal* (1 minute). *Je remarque que, dans ce niveau de conscience, j'ai une perception beaucoup plus riche de ma corporalité...*

Je me mets maintenant à l'écoute des sensations de contact. Contact de la peau avec les vêtements et avec l'air (30 secondes). *Je me concentre sur le passage de l'air dans les narines et je sens les parfums ou les odeurs que cet air véhicule* (30 secondes). *Je mets mes mains en coquille sur les oreilles et j'écoute attentivement les sons qui me parviennent* (30 secondes). *Je couvre les yeux de mes mains et j'observe les phosphènes, c'est-à-dire les couleurs et les manifestations visuelles, qui apparaissent* (30 secondes). *Je me concentre enfin à l'intérieur de ma bouche. Je bouge ma langue afin de sentir le goût présent dans la bouche, ici et maintenant* (30 secondes).

Je cherche maintenant un souvenir agréable et positif dans le premier tiers de ma vie... Lorsque j'en ai trouvé un, je le visualise intérieurement avec tous les détails de lieu, de personnes, de sensations... Je revis intensément cette sensation ou émotion agréable (1 minute).

Je quitte ce souvenir et j'en cherche un second dans le deuxième tiers de ma vie... Je le visualise intérieurement (1 minute).

Je laisse ce souvenir s'estomper pour en prendre un troisième dans le dernier tiers de ma vie... Je le revis intérieurement (1 minute).

Je reviens maintenant au présent... Je prends conscience de tout le positif que ces exercices viennent de dynamiser en moi (20 secondes).

Puis, chargé de tout ce positif, je respire plus amplement... Je bouge les doigts, les orteils, la langue... Je remue les bras, les jambes, la tête... Et, les yeux toujours fermés, je réveille mon corps avec un réel plaisir, en faisant tous les gestes, tous les étirements nécessaires...

Lorsque je suis bien réveillé, j'ouvre très doucement les yeux afin de retrouver sans brutalité la luminosité extérieure... Je me sens dynamisé...

*
* *

PARTIE PRATIQUE N° 8

A. Exercice du sautillement

Le sautillement est un exercice d'échauffement et de mise en condition. Il produit une forte activation sensorielle qui facilite la sophronisation. Il aide à faire le vide. En position debout, on saute sur place assez rapidement en gardant les épaules, les bras et les mains totalement relaxés. La respiration est libre.

B. Exercice du miroir (voir dessins p. 139)

Après la sophronisation en position debout, on s'exerce de nouveau à l'exercice d'autovisualisation. Il s'agit ici de lever les mains en inspirant, afin d'allonger les bras au-dessus de la tête. Poumons pleins, on s'autovisualise. Puis en expirant, on descend très lentement les mains, paumes tournées vers le corps. On imagine que les mains sont un miroir (on a toujours les yeux fermés), et on essaie de voir ce que ce miroir reflète lorsqu'il passe devant le visage, le cou, le thorax, le ventre. Puis on relâche les bras le long du corps. Si on effectue très lentement cet exercice, une seule expiration ne suffit pas. Donc, lorsque l'expir est terminé, on respire librement tout en continuant de descendre doucement les mains. Cet exercice intensifie et affine la perception de notre schéma corporel. Si vous le trouvez difficile à réaliser, contentez-vous d'observer la forme générale de votre corps, les vêtements...

C. Exercice du oui

On passe ensuite à la position assise pour effectuer l'exercice du oui qui est en fait un mouvement de tête en respiration synchronique. En inspirant, on baisse doucement la tête en avant en sentant la nuque qui s'étire. Puis, poumons pleins, on s'autovisualise dans cette position. En expirant très lentement et par la bouche, on relève la tête. On fait l'exercice en inclinant la tête vers l'arrière en poussant bien le menton vers le ciel et, là aussi, on s'autovisualise en position finale. La synchronisation du souffle avec le mouvement de la tête crée une profonde

détente de la nuque. On perçoit des sensations agréables dans le corps tout entier.

D. La posture du troisième degré, posture anatomique

La description de cette posture est très importante. Alors que la précision dans les exercices de relaxation dynamique du

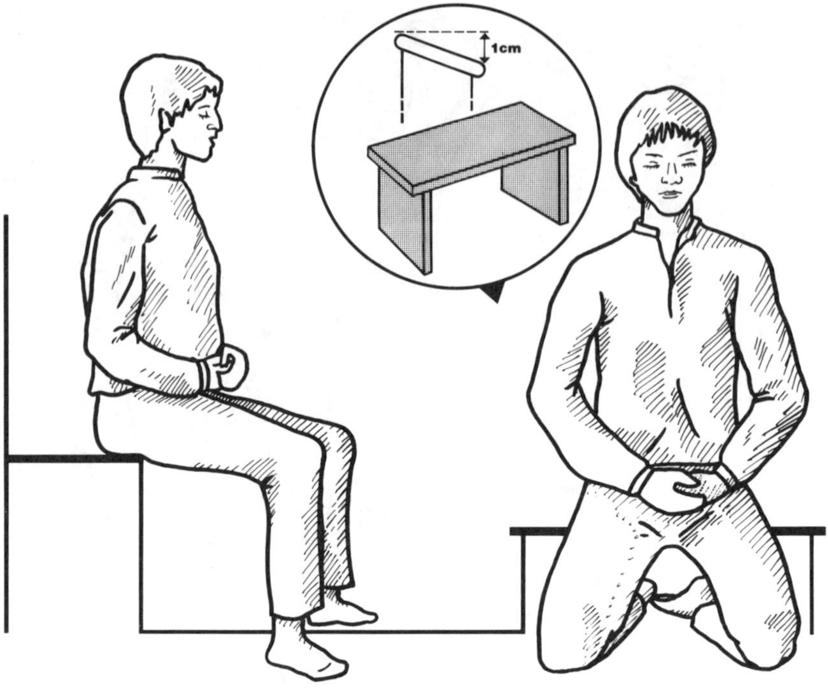

premier degré est secondaire, elle est ici primordiale. Il faut s'asseoir sur le bord de la chaise afin de pouvoir basculer le bassin vers l'avant et recréer ainsi la cambrure naturelle des reins. On cherche, à cet effet, la meilleure position des jambes. Tout en maintenant le bassin basculé vers l'avant, on étire, on allonge toute la région abdominale entre pubis et sternum. On agrandit cette région du corps. Cela a pour effet d'étirer toute la colonne vertébrale. On rentre légèrement le menton tout en poussant le sommet du crâne vers le ciel. Puis on incline très légèrement le buste vers l'arrière pour permettre la détente de la région lombaire. On a en quelque sorte la position d'un cavalier qui descend une colline. Si vous avez déjà vu marcher des femmes africaines, elles ont cette position correcte du corps, surtout lorsqu'elles portent une charge sur la tête.

Puis, on ferme un poing que l'on place sur la région du hara qui se situe à 3 ou 4 centimètres en dessous du nombril. L'autre main vient recouvrir ce poing. On entrouvre légèrement les yeux et le regard vient se poser sur le sol à 50 centimètres ou 1 mètre. Enfin, à chaque expiration, on effectue une légère pression du poing contre le bas-ventre, pression que l'on relâche à l'inspiration. On se concentre sur cette région du hara. On peut aussi, simplement, être conscient de son corps et de sa respiration dans l'instant présent.

Cette position précise de la colonne vertébrale garantit une libre circulation de l'énergie dans le corps. Elle produit une excellente respiration car le thorax ne s'enfonce plus dans l'abdomen. Cette posture a pour but essentiel de faciliter la méditation. Il faut donc s'y sentir à son aise. Or, lorsque l'on est raide ou que l'on se tient constamment tassé ou voûté, cette position soulève quelques difficultés. On ne la garde alors que quelques minutes pour ensuite retrouver la position de détente classique (s'asseoir dans le fond de la chaise).

Il y a pourtant une solution à ce problème, c'est de s'asseoir sur un petit banc ; la majorité des personnes qui l'ont essayée l'ont d'ailleurs conservée pour les sophronisations. Sur ce banc, le dos se redresse de lui-même et sans effort ; le corps s'y relâche plus facilement. Bien que cette posture anatomique exige un bon étirement de la colonne vertébrale, elle doit être maintenue sans effort, les muscles détendus. « *Le relâchement,* dit Arnaud Desjardins, *est une condition préalable mais absolument nécessaire pour celui qui veut méditer.* »

En méditation, on se contente de percevoir l'instant présent dans toute sa simplicité mais aussi dans toute son intensité. C'est un entraînement long et parfois difficile. C'est une porte ouverte vers d'autres régions de soi-même. Il faut y aller progressivement et, éventuellement, remettre le voyage à plus tard si l'on ne se sent pas encore prêt.

Le troisième degré est l'aboutissement de l'entraînement sophrologique mais aussi le début d'une nouvelle aventure.

E. Texte à enregistrer

En position debout, je ferme doucement les yeux... Quelle perception ai-je de mon corps, ici et maintenant ? (10 secondes).

En respiration libre, j'effectue l'exercice du sautillement en me relâchant au maximum comme si j'étais un pantin désarticulé (10 à 15 secondes). *Je retrouve l'immobilité et me mets à l'écoute de la vie interne de mes muscles, de mon corps dynamisé par ce mouvement* (15 secondes).

Je reprends une seconde fois (15 secondes). *Récupération* (15 secondes). *Puis une troisième fois* (15 secondes).

Je sens tout mon corps activé, vivant... (effectuer ici la sophronisation de la séance 4 : détente physique et mentale en position debout).

Je prends conscience de mes bras et, sur une inspiration, je lève les mains pour allonger les bras dans l'axe de la tête... Poumons pleins, je m'autovisualise dans cette position (quelques secondes). *Puis, en expirant, je descends très lentement les mains, paumes vers le corps... Et j'imagine ce que ce « miroir » peut refléter* (entre 20 et 30 secondes : lorsque l'expir est terminé, on se met à respirer librement). *Je relâche et prends maintenant conscience des sensations corporelles* (10 secondes).

Je recommence ce mouvement une seconde fois (40 secondes en tout), *puis une troisième fois* (même laps de temps). *J'observe les sensations que cet exercice a créées tant au niveau physique qu'au niveau mental* (15 secondes).

Je m'asseois très doucement... J'apprécie la détente plus profonde qui s'installe en moi... Je sens tout mon corps s'alourdir, se relâcher en profondeur... Je savoure aussi cette facilitation circulatoire amenée par la décompression musculaire... Je reviens vers ma respiration, et me laisse descendre encore plus profondément dans ce niveau de conscience entre veille et sommeil (1 minute).

Au bord du sommeil, je perçois cette double sensation de calme et de bien-être engendrée par la sophronisation... (15 secondes).

Je prends conscience de ma tête... En inspirant, je baisse doucement la tête en avant ; le menton se rapproche du thorax... Poumons pleins, je m'autovisualise dans cette position (quelques secondes). *En expirant* (par la bouche en faisant un long soupir), *je relève la tête jusqu'à la verticale... J'observe les sensations qui naissent en moi* (5 secondes).

En inspirant, j'incline la tête en arrière, mais en cherchant plutôt à étirer le menton vers le ciel (ce qui étire la région du cou) *qu'à rejeter la tête loin en arrière... Poumons pleins, je m'autovisualise ainsi* (quelques secondes). *En expirant* (toujours par la bouche), *je ramène la tête au centre... J'entre en contact avec les modifications entraînées par cet exercice* (5 secondes).

Je recommence deux autres fois ce double processus en affinant à chaque fois la perception de mon corps tant depuis l'extérieur (autovisualisation) *que depuis l'intérieur* (sensations corporelles) (1 minute pour chaque exécution).

Toujours pleinement conscient de mon corps, je me place tout au bord de la chaise et m'installe dans la posture du troisième degré... Je bascule le bassin vers l'avant ce qui recrée la cambrure naturelle des reins... J'agrandis l'espace entre le pubis et le sternum... L'abdomen s'étire... J'incline très légèrement le buste en arrière ce qui détend les reins... Je rentre un peu le menton, tout en poussant le sommet du crâne vers le ciel (comme si je poussais un poids avec la tête)... *Je place un poing entre ombilic et pubis* (3 ou 4 centimètres en dessous du nombril) *et pose l'autre main par-dessus... J'entrouvre légèrement les yeux... Le regard se pose sur le sol à 50 centimètres ou 1 mètre... Je détends mes paupières dans cette position... A chaque expiration, j'effectue une légère pression du poing contre le bas-ventre* (région du hara), *pression que je relâche à l'inspiration... Je me concentre sur ce lieu du hara ou simplement je perçois mon corps et mon souffle dans l'instant présent* (2 ou 3 minutes)...

Je me replace maintenant dans le fond de la chaise... Mes yeux se referment... Quelle nouvelle perception ai-je de mon être tout entier, ici et maintenant ? (20 secondes). *Je me laisse redescendre tout au bord du sommeil* (30 secondes). *Je savoure tout le positif qui est en moi...*

Lorsque je le désire, je respire plus amplement deux ou trois fois...

Je bouge la langue, les doigts, les orteils... Je bouge la tête, en percevant bien son déplacement dans l'espace... Je bouge les bras... les jambes... Puis, je m'étire... Je fais des flexions latérales, des flexions vers l'avant... J'effectue des torsions... Je tire mes jambes... Je bâille... Lorsque je me sens bien réveillé, j'ouvre les yeux, tout doucement... Je retrouve ainsi, sans brutalité, la luminosité extérieure... Je suis calme et fort...

Conclusion

La sophrologie nous convie à une aventure... Dans ce cheminement intérieur qui nous conduit du mal-être au bien-être, les exercices sophrologiques sont comme des poteaux indicateurs qui nous guident sur la direction à suivre. Ils nous « orientent ». Ainsi, séance après séance, nous nous rapprochons un peu plus du but de toute vie humaine : le bonheur et l'épanouissement de l'être.

La sophrologie est un outil. Utilisez-le comme bon vous semble. Adaptez-le à vos besoins, à votre recherche. Avec lui, réinventez votre vie...

La sophrologie est une clef. Servez-vous en souvent. Ouvrez les portes que vous croyiez fermées à jamais. Avec elle, osez...

La sophrologie est un levier. Observez-bien que vos limites ou blocages sont en fait le résultat d'un mauvais conditionnement ou d'une malencontreuse suggestion négative. Grâce à ce levier, basculez le négatif et voyez germer en vous le positif absolu...

Dans les contes de fées, le courageux chevalier qui vient délivrer la belle princesse possède deux armes : une épée et un bouclier. L'homme qui, aidé par la sophrologie, entreprend de rétablir son équilibre physique et mental, possède également deux armes. L'épée, ce sont les exercices corporels et les sophronisations qui lui redonnent force, calme et assurance. Le bouclier, c'est le positif absolu qui résiste au négatif sous quelque forme qu'il se présente. La belle princesse, c'est la promesse d'une vie plus pleine et plus harmonieuse.

C'est le début d'un autre chemin, d'un autre horizon...

ANNEXE I

Déclaration de Recife ou déclaration des valeurs de l'homme

Déclaration prononcée par le professeur Alfonso Caycedo, à Recife (Brésil) le 25 août 1977, lors de sa réception en tant que professeur Honoris causa de l'Université de Pernambouc.

1) J'ai voulu que ce soit dans cette magnifique ville de Recife, la première du continent américain à avoir expérimenté ma méthode de relaxation sophrologique collective, que soit proclamée, en mon propre nom et en celui de la sophrologie que je représente en tant que responsable de sa création, la déclaration des principes des valeurs de l'homme. Ces principes serviront de base, à partir d'aujourd'hui, aux objectifs et aux activités de notre école, une fois que la difficile étape de la vérification scientifique sera accomplie. Je voudrais que cette déclaration s'inscrive dans l'histoire de l'école sophrologique et soit connue sous le nom de « **Déclaration de Recife** ou **Déclaration des Valeurs de l'homme** ».

2) De la même manière que la politique de nombreux États est orientée, de nos jours, par les diverses proclamations des droits de l'homme, concrétisées historiquement par la déclaration universelle proclamée par l'O.N.U. le 10 décembre 1948. La sophrologie se doit, dans les circonstances actuelles, de formuler sa « Déclaration des Valeurs de l'homme ». Cette déclaration servira à la fois de base et d'orientation pour le futur de notre école et, aussi, de principe pour l'acquisition d'une conscience nouvelle, seule solution permettant d'affronter la maladie des masses dont souffre l'humanité.

3) La sophrologie se définit comme une fondation à caractère international, apolitique et aconfessionnel, fondation que j'ai créée

pour tenter de sauver les valeurs de l'homme face à la crise de la civilisation contemporaine. Elle se compose de deux branches : la sophrologie médicale, essentiellement clinique, et la sophrologie sociologique à caractère mixte et à orientation sociale.

4) Par « Valeur de l'homme », la sophrologie entend les qualités spécifiques qui caractérisent l'être humain et le définissent comme doué d'une conscience indivisible, originale et transcendante.

5) Les « valeurs de l'homme », à la lumière de la sophrologie, peuvent être divisées en trois catégories étroitement liées entre elles, selon leur localisation, au niveau biologique, existentiel ou historique.

6) Les « valeurs biologiques » sont celles qui se trouvent dans les racines même de la biologie humaine au niveau cellulaire et moléculaire, telles que :
a) la réserve génétique ;
b) la mémoire cellulaire ;
c) l'intégration des structures moléculaires ;
d) la fonction des tissus ;
e) l'intégration de l'individu ;
f) la conservation de l'espèce ;
g) l'intégration de la conscience, qualité essentielle propre à l'être humain.

7) Les « valeurs existentielles » sont liées au comportement des êtres humains et sont ancrées comme des sentiments vitaux dans les « valeurs biologiques » telles que :
a) l'individualité ;
b) l'intégration au foyer ;
c) la famille comme structure essentielle de la Texture sociale ;
d) l'intégration sociale visant à permettre le fonctionnement des organes qui constituent l'organisme vivant : toute l'humanité.

8) Les « valeurs historiques » constituent le patrimoine et la conquête de l'humanité à travers les siècles ; les plus remarquables sont :
a) la religiosité sous toutes ses formes ;
b) la politicité dans toutes ses manifestations ;
c) la science ;
d) l'art ;
e) la culture.

9) La sophrologie a pris pleinement conscience du fait que l'humanité a commencé à vivre la plus grande crise de son histoire, car les

valeurs de l'homme se trouvent atteintes au niveau biologique, le développement de notre civilisation étant, lui-même, en danger.

Le processus de désintégration que vit l'homme de notre temps peut conduire à l'autodestruction de notre culture si nous ne trouvons pas des solutions urgentes et adéquates. Les graves transformations que subit l'humanité pourraient être désignées sous le terme de « maladies des masses » car les symptômes se manifestent dans tous les groupes humains sans distinction de nationalité, de race, de politique ou de religion.

10) La cause de ce processus grave réside chez l'être humain de notre temps, dans le manque de structures appropriées lui permettant de faire face à une réalité qu'il vit pour la première fois dans l'histoire : celle que nous nommons la société de consommation ou civilisation des masses, précipite l'individu dans un monde sans signification et affaiblit ses valeurs au niveau biologique.

11) Devant ce phénomène de masses irréversible et dont le développement est inéluctable, l'unique solution réside dans la mobilisation des réserves génétiques conservées dans les structures biologiques de l'homme. La science a démontré le potentiel énorme et la capacité qu'a l'homme de donner naissance à des structures nouvelles dans lesquelles existe la possibilité de s'adapter à des circonstances inconnues.

12) La sophrologie, tout au long de ces dix-sept années d'expérimentation scientifique, a créé des techniques capables de mobiliser de telles réserves à condition d'être pratiquées selon des activités programmées, concrètes, qu'elle a nommées « entraînement sophrologique ». La sophrologie s'appuie sur les principes du « schéma corporel comme réalité vécue » sur la stimulation de ce qu'il y a de positif dans l'homme.

13) La relaxation sophrologique collective ou entraînement sophrologique collectif, est une méthode qui renforce les structures de la personnalité. Il est facile de l'apprendre en deux sessions intensives destinées à des groupes importants. La période essentielle demande deux mois de pratique au niveau individuel et à un rythme de dix minutes par jour, avec l'aide de fiches spéciales ou de cassettes. A caractère préventif, elle s'adresse à la personne normale, pour renforcer ses qualités vitales positives. Elle fortifie la conscience ordinaire et mobilise les structures vierges propres à la conscience sophronique.

14) La relaxation sophrologique collective est le résultat de l'adaptation minutieuse des meilleures techniques sophrologiques préalablement expérimentées et contrôlées tant au niveau individuel qu'au niveau du groupe. Son action est à la portée de toutes les possibilités, ce qui lui permet d'atteindre l'être humain fondu dans la masse, pour essayer de

sauver son individualité, renforcer sa propre personnalité et le rendre responsable, hors de tout engagement politique ou religieux, face à lui-même et face à son propre destin.

15) Par ses caractéristiques particulières, la relaxation sophrologique collective, avec laquelle la sophrologie inaugure sa branche sociologique, a été confiée, pour sa diffusion, à l'Union Internationale pour le développement sophrologique de la Conscience Humaine (UNIDESCH). Cet organisme est patronné par un groupe mixte international composé de médecins et de personnalités responsables, travaillant sans but lucratif et sans aucun engagement politique ou religieux. La formation d'un corps de spécialistes qui ont seule autorité pour faire des cours ainsi que d'un corps auxiliaire pour l'élaboration des programmes des cours sont à sa charge.

16) L'UNIDESCH veille à ce que l'organisation des cours s'adapte aux coutumes des différents pays et organise les réunions de perfectionnement et de contrôle pour les personnes qui acquièrent la pratique requise.

17) Face à la crise que traverse l'humanité, la sophrologie sociologique, coordonnée par l'UNIDESCH, répandra la relaxation sophrologique collective et cherchera des techniques nouvelles, capables d'une action préventive face à la désintégration que vit l'homme de notre temps, tant au niveau individuel qu'au niveau familial, social et collectif.

18) La sophrologie sociologique et l'UNIDESCH lancent un appel à toutes les personnes responsables qui voudraient participer à la lutte pour sauver les valeurs humaines : elles leur demandent de collaborer à ses projets et de rendre possible l'accès aux grands moyens de diffusion, seule possibilité de parvenir à l'homme perdu dans la masse, et d'essayer de sauver son individualité.

19) La sophrologie sociologique et l'UNIDESCH assument la défense d'une discipline de vie et d'une morale biologique en marge des engagements politiques et religieux, fondée sur le renforcement de la personnalité de l'individu. Pour cela, elles réaliseront un travail d'information et diffuseront les méthodes scientifiques, capables de stimuler la réserve génétique de l'Homme et de renforcer sa volonté, qui sont les bases de la liberté authentique et de la réalisation totale de l'être humain.

ANNEXE II

Quelques adresses utiles

Fédération européenne de sophrologie, Le Moustier, Saint-Thomas-de-Conac, 17150 Mirambeau.

Société française de sophrologie, Docteur Jacques Donnars, 78, bd Malesherbes, 75008 Paris.

Institut français de sophrologie obstétricale, 266, avenue de Grammont, 37000 Tours.

Collège international de sophrologie médicale, 87, bd Raspail, 75007 Paris.

Collège international de sophrologie, 18, rue Berlioz, 06000 Nice.

Pour le lota, écrire à Jacques Sauramps, 35, rue Sadi-Carnot, 34400 Lunel.

Formation à la sophrologie, 22, impasse Condorcet, 85000 La Roche-sur-Yon.

ANNEXE III

Bibliographie

Abrezol, R. : *Sophrologie dans notre civilisation* (Intermaketting Group).

Audoin et Soufir : *50 exercices de sophrologie pour la femme* (Retz).

Belanger, B. : *La Suggestologie* (Retz).

Bernheim (Dr) : *De la suggestologie* (Retz).

Brown, B.B. : *Stress et biofeedback* (L'Étincelle).

Caycedo, Alfonso : *L'Aventure de la sophrologie* (Retz).

Davrou, Yves : *La Sophrothérapie* (Retz).

Davrou, Boon et Macquet : *La Sophrologie* (Retz).

Davrou, Y. et Leclerc, F. : *Les étonnantes possibilités de votre mémoire par la sophrologie* (Retz).

Davrou, Y. et Macquet, J.-C. : *Le Guide pratique de la sophrologie* (Marabout).

Dement, W.-C. : *Dormir, rêver* (Le Seuil).

Faure, G. : *Les Relaxations sensorielles* (Dangles).

Fernandez, L. : *Sophrologie et compétition sportive* (Vigot).

Gallegos, E.S. et Rennick, T. : *L'Imagination active, méthode d'épanouissement de soi* (Dangles).

Gay, F. : *Sophrologie, expériences vécues* (Éditions Universitaires).

Guirao, M. : *Anatomie de la conscience, anatomie physiologique* (Maloine).

Humphreys, C. : *Concentration et méditation* (Dangles).

Jacobson (Dr) : *Savoir se relaxer* (Éditions de l'Homme).

Jaffe, D. : *La Guérison est en soi* (R. Laffont).

Kissel, P. et Barrucand, D. : *Placebos* (Masson).

Lemaire, J.-G. (Dr) : *La Relaxation* (Payot).
Maltz, M. : *Psycho-cybernétique* (Godefroy).
Rouet, M. : *Relaxation psychosomatique* (Dangles).
Sadhu, M. : *La Maîtrise du mental* (Dangles).
Schultz, J.H. : *Le Training autogène* (P.U.F.).

Table des matières

La composition et l'impression de cet ouvrage
ont été réalisées par CLERC S.A.
18200 SAINT-AMAND - Tél. : 48-96-41-50
pour le compte des ÉDITIONS DANGLES
18, rue Lavoisier - 45800 ST-JEAN-DE-BRAYE

Dépôt légal Éditeur n° 1594 - Imprimeur n° 4314

Achevé d'imprimer en Mai 1990